U0153954

公民能不能？

能源科技、政策與民主

推薦序：永續，是我們的責任

曾志朗

　　手裡捧著這一疊書稿，一頁又一頁地翻過去，讀著一篇又一篇討論能源危機和如何應付當前這些危機的文章，心中是蠻感動的。當然，做為台灣聯合大學系統的系統校長，對於系統內大學教授們通力合作，完成這麼一本又好讀、又有豐富科技新知，更充滿了對生命（包括地球、物種、人類）永續發展的人文關懷，實在有無比的驕傲。作者都是我熟知的教授，他們在各自的專業上，以深入淺出的文筆，介紹當前和未來能源危機的嚴重情況，也說明台灣的能源政策和再生能源的發展遠景，更重要的是釐清各項爭議，號召民眾參與各項討論，以盡一位對公共事務有所了解的公民（informed citizen）責任，實在是非常正確的訴求。這本書得以集結出版，也是大學對社會有所奉獻的表現。

　　這些文章分成四個主題，每一個主題都有一篇導讀。陳永平教授介紹「再生能源科技在台灣」的挑戰與發展；李河清教授分析政府「能源政策」的來龍去脈；林宗德教授論述 Paul Jobin 兩篇和日本福島核災相關的文章，針對能源科技的健康爭議，提出了持平之論；最後，范玫芳教授討論了三篇「公民參與」的文章，對公民參與公眾議題的急迫性和教育的重要性，有非常清晰的表達。這四篇導讀都寫得很精彩，思路、觀點、文筆，都是一流，讀起來，讓我受益良多。

在科技急速發展，社會生活的內涵也在「深受衝擊」中產生巨大的變化，這樣有教育性的研討會和知識的集結是必要的，感謝這些作者的努力，也期許台灣聯合大學系統能為社會做更多貢獻。永續，是我們大家的責任。

台灣聯合大學系統系統校長

曾志朗

2014.06.19

編輯序

范玫芳

　　國際能源情勢瞬息萬變，當前世界各國正面臨氣候變遷與全球暖化的挑戰，重新檢討我國能源結構以及發展永續能源實已刻不容緩。能源政策發展與核能議題具高度爭議性，然而目前政策制定與執行仍採由上而下的方式，缺乏廣泛與持續的公共對話和地方參與，導致決策的正當性受質疑，並引發社會衝突和信任危機。科技與社會研究（STS）強調科技與社會間具有「交引纏繞」（entanglement）密不可分的關係。科技具有政治性的觀點顛覆了既有將科學與技術視為是客觀、中立和去政治化的想法，認為技術物的生成是科技與社會相互形塑的結果。在面對當前複雜的能源問題，我們需要反思人類社會與不同能源形式之間的關係，以全新的視角檢視能源技術系統配置背後的驅策和支配力量，以及能源科技爭議。

　　台灣聯合大學系統科技與社會領域推動計畫強調科學教育需要拓展學生視野，瞭解科學、科技與社會之間的交織互動關係，提升自身對科學與技術的思辨能力。繼 101 學年度首度開授「超越未來：台灣聯合大學系統科技與社會經典系列講座—水資源：技術與生活政治」課程後，102 學年度新開「能源、科技與政策」課程，以科技與社會觀點，強調科學、人文跨領域交會，探究不同能源的科學知識與技術的社會性、能源政策與科技爭議，以及公民參與在能源科技社會的多元形式。課程

採取問題解決導向之教學模式，加強四校間的資源整合與互動學習，透過爭議性議題的探討，培養學生反思與批判的能力，進一步將其關懷融入於專業領域與社會實踐中。為擴大課程影響力，乃集結課堂經典講座與國內重要能源科技教案，展開本書的編輯工作。

　　能源課題已成為各國政府、學界與實務界矚目的焦點。國內能源議題的專書並不多，且多偏向技術的發展與經濟導向的內容，較少連結到氣候變遷、專業知識爭論，以及永續發展的社會文化層面與相關政策問題的檢討。能源爭議牽涉跨學科領域專業，亟需多元領域的整合與對話以尋求問題改善之道。本書以科技與社會為主軸，強調能源科學技術的多元性，尤其聚焦科技政策、爭議與公民參與的討論，期能增進國內在能源議題上的在地論述發展、相關知識建構與實作。

　　本書在能源技術專家、經濟學者、社會學家、政策研究與實務工作者等跨領域的討論下，引導讀者進入科技社會的能源議題，分為「再生能源科技在台灣」、「能源政策」、「能源科技的健康爭議」與「適當科技與公民參與」四大單元。第一單元「再生能源科技在台灣」以台灣正在發展的再生能源科技為例，一方面探討氣候變遷議題與能源科技發展的關係，另一方面則指出發展再生能源科技所須考慮的各種在地的、異質的條件。第二單元「能源政策」從經濟、環境與社群參與等不同角度出發，提出可能的能源政策方向，當中或有互相衝突之處，讀者可加以比較、攻錯。能源科技對社會的影響，並不只侷限在經濟層面，第三單元「能源科技的健康爭議」指出大型能源系統（特別是核能科技）中常被忽略的勞動健康風險議題，並說明這與能源系統運作安全的密切關連。第四單元「能

公民能不能？能源科技、政策與民主

vi

源、適當科技與公民參與」則以實作案例探討落實適當科技理念於社會生活中的方式與挑戰，以及催生當代科技公民的契機。能源技術與全球環境變遷、政經發展和公民社會相互形塑與演進。社會大眾對未來能源的想像以及國家政策正在形塑科技的發展。我們需要正視能源科技發展所牽涉複雜的爭議，透過持續的社會參與和對話，共同尋求契合台灣脈絡特殊性的適當科技，朝向能源科技民主化發展。

　　本書得以順利出版，要感謝台灣聯合大學系統的支持，台灣聯合大學系統科技與社會領域推動計畫四校召集人的努力，以及四校教學團隊的付出。尤其感謝各單元文章作者們在百忙中配合完稿，以及審查人的寶貴建議。最後，特別感謝駱冠宏、洪靖、邵瓊婷、伍啟鴻、張琦鈺、張心喬、陳青慧，以及國立交通大學出版社和主編程惠芳小姐，在課程進行與本書出版和編輯過程中的諸多協助。

編輯序

目錄

公
民
能
不
能
？
能
源
科
技
、
政
策
與
民
主

再生能源科技
在台灣

單元導讀

陳永平

　　回顧二十世紀能源科技的歷史，有兩個特徵很值得我們注意。第一個特徵是比起過去，人類更大量地使用化石燃料，其中石油已取代煤炭成為主要的運輸燃料，並因此建立起從開採、提煉、運輸、儲存到供應的龐大跨國技術系統。石油的生產供應鏈把全世界串在一起，如果再算上化石燃料產生的廢棄物，如今幾乎所有人都深受此技術系統影響。第二個特徵則是核電的崛起，在 1950 年代，美國原子能委員會主席甚至預測到了 1970 年，核能將便宜得無須計價。然而樂觀的目標不僅未達到，接下來數次核災事件還為世界投下不祥的陰影。對許多人來說，核能這種高度集中型的科技，成了人類從工業社會步入「風險社會」（risk society）的重要象徵。

　　隨著二十世紀下半數次國際石油危機，以及全球氣候變遷和核能風險、核廢料處理問題，能源科技「全球化」與「集中化」的現象日益受人關注。因應石油危機可能對社會與經濟帶來的動盪，各國政府多視能源穩定為國家安全的一環；面對核災威脅，也有人呼籲建立所謂的「安全文化」（safety culture）；至於國際間對如何（或是否要）減緩全球暖化的攻防，也讓「節能減碳」這類訴求成為國家政策的一環。但也有人另闢蹊徑，探詢「能源自主」與「分散式能源」的可能性。在這樣的脈絡下，採用較小規模方式設置的再生能源似乎是不

錯的選項，諸如太陽光電這類新近的能源科技，以及風能或生質能等以新面貌出現的既有能源科技。

從供電結構看，再生能源在台灣仍在起步階段。依據台電的數據，2010 年台灣再生能源佔電力系統總裝置容量的 8.1%，佔總供電量的 4.5%，看起來似乎不差，但其實當中大部分來自既有的水力發電和廢棄物發電，兩者合計就佔了再生能源總裝置容量的 83%，以及總供電量的 84.8%。無論如何，儘管環保團體仍認為目標過於保守，經濟部確實規劃逐步升高再生能源發電比例，到 2020 年時，預計以太陽光電、風力為主的再生能源發電，應佔總發電量近一成。看起來，再生能源科技在台灣將會有所發展。

然而技術史告訴我們，科技物或科技系統能否順利發展，並不僅僅取決於本身的技術內涵。科技要真正落實，必須適應、甚至改變所屬的社會、經濟、政治等環境，並且調整與其他科技的關係。也因此，一體適用的科技實際上非常罕見，一些科技物儘管立意良善，甚至技術面都相當成熟，卻可能因為沒能夠適應在地環境而半途夭折。反過來說，如果缺乏合適的環境，我們也很難期待某種可欲的技術會自動生根茁壯。讀者可以從這種技術的生態觀點，閱讀本單元的三篇文章。

本單元的三篇文章，分別從生質能（超級烘焙法）、太陽能與風能三方面，探討台灣當前發展特定再生能源技術的可能性與挑戰，三位作者都長期參與該領域的推動與發展。徐遐生院士的〈氣候變遷與永續能源〉一文整理自他 2013 年應邀至清華大學所做的演講。徐院士從宏觀的氣候變遷問題出發，探討目前我們能夠在能源方面做什麼樣的選擇，並以新近「超級烘焙」技術的實驗計畫，說明目前的科技能力如何實現「轉廢

料為資源」。黃秉鈞教授的〈太陽光電可以替代核電〉指出，儘管太陽光電常給人發電成本高的印象，但實際上已逐漸進入「平價上網」時代（即裝設太陽光電的成本已相當於或低於向電力公司購電費用）。黃教授在文章中探討，台灣若要大量推廣太陽光電發展，會面臨什麼樣的挑戰。戴德炫先生的〈綠色能源之風力發電機示範系統〉一文，則以新竹在地風力發電機示範系統為例，從技術、環境和政策等不同面向分析台灣風力發電的優勢與弱勢。

就發展階段來說，本單元三個案例或有不同，有的還在實驗計畫階段，有的是示範系統，有的則已步入大量推廣階段。但無論處在哪個階段，從技術的生態觀點看本單元三篇文章，我們可以發現作者在探討各種再生能源科技時，都同時仔細描述並分析了與這些科技相關的地理、生態、社會或政策等條件。比方說，大型陸上風機技術本身儘管已成熟，但可能因為台灣人口稠密，又在重要候鳥遷徙路徑，而不容易找到適合空間。又或者，雖然自家裝設太陽光電裝置已具經濟價值，但如何配合台灣建築設計，並建置全國分散式輸配電系統卻是大量推廣的關鍵。此外，超級烘焙法雖是生產人造煤炭或柴油的可行技術，甚至有固定大氣中碳元素的效果，但如果沒有穩定的生質來源，發展也會受限。在〈氣候變遷與永續能源〉一文中，澎湖長年飽受外來種植物銀合歡入侵之苦，倒是可能提供發展再生能源的契機。

三篇文章都強調科技發展與具體脈絡的重要關係，但在一些問題上，作者們則從各自案例中引出不全相同的見解。比方說，對於太陽光電能否取代核電的問題，〈氣候變遷與永續能源〉和〈太陽光電可以替代核電〉二文就從不同角度提出相異

公民能不能？能源科技、政策與民主

見解；又比方說，電價補助政策是否有助於再生能源發展，〈太陽光電可以替代核電〉和〈綠色能源之風力發電機示範系統〉兩文似乎也提出不同觀點。讀者可自行參考這些差異所根據的理由。

　　台灣的能源科技將會朝怎樣的方向發展？本單元三篇文章雖遠不能總括台灣再生能源發展現況，但藉由提供幾個具體的在地個案，讀者應仍能從中感受發展能源科技所需的多元思考。

參考書目：

台灣電力公司，〈再生能源未來展望〉。http://www.taipower.com.tw/content/new_info/new_info-b34.aspx?LinkID=8

McNeill, J. R.(2012)《太陽底下的新鮮事──二十世紀的環境史》。李芬芳、國家教育研究院譯。台北：書林。

再生能源科技在台灣

氣候變遷與永續能源

徐遐生 院士

本文整理自中研院徐遐生院士於 2013 年於清華大學所做的演講。講者首先從工業革命引起的氣候變遷談起，指出人類目前所處的兩難處境：一方面全球暖化確實對生物圈造成重大影響，其後果攸關人類存亡；另一方面，人類仍深度依賴化石燃料及其系統的現實情況。在說明目前再生能源的發展後，講者從減低廢料的角度出發，討論化石燃料發展的新技術與挑戰，並介紹生質燃料、特別是超級烘焙（supertorrefaction）技術的可能性。最後，講者強調在氣候變遷的危機與既有技術系統的限制下，我們應當以「轉廢料為資源」的概念思考能源選擇的問題。（編者）

一、前言

　　為什麼地球會有煤炭、石油或天然氣？這些燃料從哪裡來？仔細想這個問題，我們發現其實有個很簡單的辦法，就可以從植物做出這些東西。所謂的「超級烘焙」（supertorrefaction），就是模仿地球花上幾億年的工作，但用目前科技，十分鐘內就可以做出來。澎湖將推展一項示範計畫，我想這個工作可以啟發一些年輕人。氣候變遷的問題是我們這一代產生的，但受到很大影響的卻是你們這一代年輕人，我們起個頭，期待你們能夠一起解決此問題。

二、工業革命與氣候變遷

大家都在談永續發展，但到底該怎麼做呢？永續發展談了幾年，我覺得有一個很簡單的原則，就是「不能有廢料」。一門產業要是有廢料，一定要想辦法處理，或者拿給別人，變成別人的資源。為什麼這是很大的問題？我稱此為「三個 E」的問題：能源（energy）、經濟（economy）與環境（environment）。提出能源問題就會碰到經濟問題，而碰到經濟問題就會涉及環境問題。

英國有名的經濟學者凱恩斯（J.M. Keynes）曾說過：「直至工業革命，人類幾千年來使經濟進步的唯一方法，就是奴役別人。」以英國為例，如果我們以 1990 年美元幣值為基準，現在英國人的年均收入約為兩萬五千美元，但過去幾千年來他們的年均收入都只有幾百美元，相當於一天台幣三十元。試想，一天台幣三十元的收入要如何生活？但如今全世界約有二十億的人口，每天就只賺兩美元，他們當然期待使用能源來改善生活，如何叫他們不要使用能源？工業革命以後薪資收入大幅提升，原因在於人類開始使用機器，效率比人工高出許多，因而創造利潤。這是工業化的好處，其貢獻是改善了大家的生活。

但工業化也有很大的缺點，幾十年來我們發現工業會排出二氧化碳。工業革命後地球的二氧化碳濃度大幅上升。二氧化碳是溫室氣體，其產生的溫室效應會使地球變得溫暖。地球吸收太陽光後會散熱，假如沒有大氣，地球表面的平均溫度差不多只有 -18°C，整個地表都會結冰。大氣就像毯子，具有保溫效果。我們晚上蓋毯子睡覺，身體之所以變熱，不只是因為身體新陳代謝讓體溫上升，還由於毯子阻擋了熱能散發。

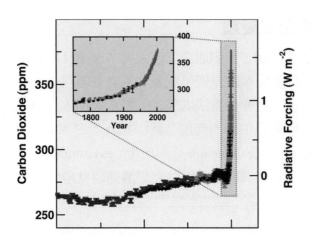

圖1：二氧化碳濃度
（資料來源：IPCC）

　　工業革命以前，大氣中的二氧化碳濃度不超過 280ppm
（圖1）；工業革命後，二氧化碳濃度就直線上升，來到現在
的 395ppm。工業革命以前，大氣的溫室效應讓地表氣溫比無
大氣的情況下高了 33℃（從 -18℃到 15℃），其中二氧化碳的
影響佔 27%。換句話說，33℃中有 9℃是二氧化碳的貢獻。用
個簡單（但不太正確）的方式計算，如果 280ppm 的二氧化碳
讓地表溫度高了 9℃，那麼 395ppm 的二氧化碳則可以讓溫度
提升 12.6℃。從 9℃到 12.6℃，差別是 3.6℃。但實際上兩百年
來，地表溫度只上升了 0.8℃，這是因為尚未達成熱平衡的緣
故。就像睡覺蓋毯子，不會一蓋毯子身體馬上就熱起來，毯子
本身得先變熱，溫度才會提升。二氧化碳就是毯子，地球的毯
子愈來愈厚，這是今天的問題。

　　請看圖2。簡單說，這是由外太空觀察地球的紅外線輻射
光譜圖。太陽光通過大氣到地面會讓地面變熱，然後地面會排
出紅外線的光。大氣並不像它的外觀那樣是透明的，大氣中
有些氣體會吸收紅外線。這張光譜的理論光譜圖是黑體輻射

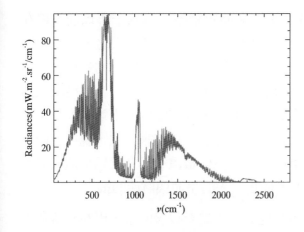

圖 2：地球紅外線輻射
光譜
（資料來源：Prof. Y. L.
Yung）

（blackbody radiation）光譜圖。若地球達到平衡時，吸收和排放的輻射量都是 240 W/m²。不過實際上地球紅外線輻射光譜圖上有一塊一塊的空缺，這些空缺是因為二氧化碳、水、甲烷與大氣物質吸收輻射所產生的。因為有大氣，地表實際的平衡溫度是 288 K（15℃），如果沒有大氣則是 255 K（-18℃）。

　　二氧化碳濃度從 280ppm 上升到現在的 390ppm，如果仔細計算，應該會增溫1℃，而不是3.6℃。但1℃還是比0.8℃高，東西會慢慢熱起來，熱起來會有別的反應，如冰塊會化掉，這是大家爭論的地方，也是基本問題所在。0.8℃看起來不很多，但其實是很嚴重的問題。假設到 2050 年或到 2100 年，溫度會變得多高？現在科學家發現既有的模型都太保守，到時候溫度可能會增加4℃到6℃，這是很可怕的現象。現在台灣熱天的時候再加4℃到6℃，大家受得了嗎？很多植物會受不了。

　　由統計學觀點，降雨量不是固定的值，而是機率分布，比如說有 50% 的機會是這樣的降雨量，或 30% 的機會是那樣的降雨量。假設降雨量的機率是一種高斯分配（gaussian distribution）（圖 3 左），並假定相較二百八十年以前，現在的年平均降雨量移動了 0.1 個標準差。由圖 3 觀之，兩個曲線看起來差別似乎不大。但因高斯分佈是指數變化的效果，在較極端的位置兩個曲線的值會差得更多（圖 3 右）。這造成的結果是：以前百年一次的大降雨量，現在變成五十年來一次；莫拉克颱風這樣規模的颱風以前可能一百年來一次，現在可能十年就來一次。這些事件為什麼這樣嚴重？因為它們會造成最大的傷害，而且傷害並不僅止於人的生命與財產的損失。

想想看，假設有些地方本來就有較多的水，現在變得愈來愈多，水太多的時候，就很容易生菌類。美國東部的楓樹因為菌類而產生疫病。問題有多大呢？以前的楓樹含有比方說 3% 的楓糖，現在卻只有 1%。樹的糖就像人的血一樣，假設有一個人測量血液，本來應該要是 3% 現在卻變成 1%，這是多麼嚴重的問題！那個人得要馬上送醫院，但楓樹沒有醫生幫忙。另一方面，原本缺水的地方會變得更缺水，美國西部就有這樣的問題。我住的地方，從南加州一直到加拿大，松樹普遍來說都是綠色的，現在卻因為缺水而變成紅色。這是很嚴重的問

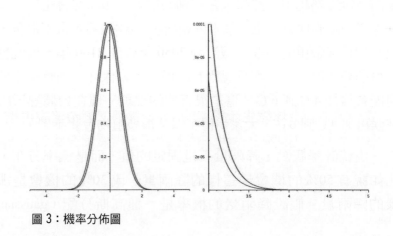

圖 3：機率分佈圖

題，一個州平均死掉十萬棵樹。因為現在冬天不夠冷，甲蟲在冬天不會死掉，所以一年比一年多。它們春天、夏天出來的時候要找水，但現在缺水，它們就跑到樹裡面找水，這些樹就一棵棵死掉。我們看美國的情況很糟糕，但台灣還沒開始出現這些問題嗎？最近一個研究調查二百二十六種森林樹種，發現70%都出現問題。大家想想，假如四十年後70%的樹死掉了，我們的生活會變什麼樣子？

三、能源生產結構與化石燃料

怎麼解決這個問題？到底全世界用了多少能源，用了什麼能源？根據世界能源評議會（World Energy Council）2008年的統計，就全世界生產的熱能來說，石油、煤炭與天然氣產生的熱能加起來超過80%，再生能源將近13%，核能則是6%。一般談到再生能源，大家馬上會想到太陽能發電或風力發電機，其實不對，大部分的再生能源來源是生物燃料，燒木頭佔全世界生產熱能的6.3%，用玉米做成的甲醇是4.2%；水力佔2.3%，但這個數據是電能，所以也不太對，從熱能來說差不多水力約佔6%；風力佔全世界發電量0.2%，從熱能看是0.5%；地熱佔0.1%；太陽光不是直接發電，而是用它的熱，佔0.1%。

所以我們要轉而使用風力機和太陽光是不太可能的事情，石油危機到現在過了四十年，儘管全世界都投入相當多的金錢，但仍達不到全球總生產熱能的1%，我們怎麼希望說再過四十年可以達到100%？今天的能源問題，兩邊都有錯誤，支持燒石油的人有錯，支持再生能源的人也有錯。我們要負責任，必須要改變「我講得一定對，你講得一定錯」這樣的意識形態。

世界各國現在若不用核能，就只好燒煤炭或天然氣。大家千萬不要以為自己不會被影響，美國學生現在都起來討論此問題了，台灣學生也要起來告訴政府，告訴你們的老師，我們不能這樣做。有權力就要負責任。我們至少開始做些事，在五到十年內把化石燃料變得更有效、更乾淨。碳捕捉技術（CCS，Carbon Capture and Storage）是現在大家鎖定的第一個化石燃料技術，這個技術試圖回收燃燒化石燃料時排放到大氣的二氧化碳，把二氧化碳灌到地底下，灌到海裡。這不是容易的技術，不過恐怕要盡快做這件事情。其次，我希望大家可以參考生物燃料，怎麼快速大量做出生物燃料，不需政府補貼，才真正有機會可以開始不用化石燃料。最後（我想很多人會反對）則是要找出更好的辦法去用核能，做得更安全、更便宜，並且更有辦法解決核廢料問題。

石油是全球最大的產業，佔全世界 GDP 的 10%，一年好幾兆美金。這個產業太有錢、權力太大，很難馬上放棄使用石油。沒有人拿石油發電，石油是用來開汽車、開飛機的。為什麼石油是有效的運輸燃料？因為石油有六個好處，簡稱叫做「ETUDES」（這個字是法文，是「研究」、「studies」的意思）。第一個好處在於抽取（extraction）。石油是液體，從地底抽出來比較容易，現在石油的 EROI（Energy Returned on Energy Invested，耗用單位能源可獲得的能源）值是 10，以後會慢慢降低。第二個好處在於運送（transportation）。因為石油是液體，容易灌到這裡、灌到那裡。我們可以很容易就把石油灌到海上的油船，運送時不需要花很多能源和錢，所以全球的石油價錢都差不多。不過放車子裡的汽油價格就不一樣了，不同政府會收不同的稅。石油的第三個好處是可升級（upgrade）。石油是混合物，裡頭有不同的碳氫化合物，有些是高分子，有些

是低分子，所以要先精煉，分別開高分子和低分子。石油精煉本身就是一門產業。為什麼要精煉石油？因為不同的用法需要不同的油。假設在家裡燒石油，你可以用很重的油，它也不會結凍。但如果用在飛機上，就不能用普通汽油，否則會結凍，得用比較輕的油。今天的化學、化工大部分就是在讓石油變成別的東西，其運用非常廣，若要推翻整個石油產業是很困難的。石油的第四個好處是配送（distribution），每個地方都有辦法供應石油。第五個好處是有現成的基礎結構（established infrastructure）。最後則是儲存（storage）方便。

　　這些都是很簡單的事情，但也很重要。石油的這些優勢是其他能源很難推翻的（想想看，我們可以像用汽油的方式使用鋰電池嗎？），我不是要洩大家的氣，但我們必須考慮別人的強處。石油還可以做成塑膠、碳纖和其他複合材料。假設真的要找出解決方法，必須要考慮別人的強處。不能只說石油有壞處，它也有好處，要了解這個東西才能有解決辦法。

　　我們來看看到底地球是怎樣做出化石燃料的？化石燃料不是經由生化過程（biochemical process），而是熱化過程（thermochemical process）做出來的。3.9億年前大氣中有很多二氧化碳，所以植物長得很大、很快。這些大量的植物擠壓到地底下會缺氧。在不缺氧的情況下這些植物會分解為二氧化碳，但在沒有氧氣的時候，則會發生無氧（anaerobic）作用，植物會變成別的東西。當植物再壓到更深地下，越往深處變得愈來愈熱，壓力也愈來愈高，植物就會變成褐煤（lignite）、次煙煤（subbituminous coal）、煙煤（bituminous coal）或甚至是無煙煤（anthracite）之類很寶貴的煤。現在連無煙煤大家都挖出來用了。

為什麼我們又會有石油呢？如果有熱有壓力，加上一些酸，就會變成油。或者假設太熱的時候，就會變天然氣。鑽油的時候，假設地挖得夠深，超過地下水層後就會有石油，假設挖得更深，就會因為太熱而沒有液體，全是氣體，這些就是天然氣。現在美國較淺層的石油都用完了，只好挖得更深。

水力壓裂及其爭議（BBC 報導）

但要怎麼把更深的石油或天然氣挖出來？現在用的是水力壓裂（hydraulic fracturing）的方式，藉由灌水把石頭（油頁岩）打碎，讓氣體跑出來。天然氣中有 90% 是甲烷，要是甲烷外洩，它引起溫室效應的能力會比二氧化碳還厲害：前二十年甲烷造成的溫室效應是二氧化碳的一百倍，隨著甲烷逐漸氧化，一百年後還是比二氧化碳厲害二十五倍。現在各國都跑去開採天然氣，包括中國大陸，但這不見得很安全。當然燃燒天然氣比燃燒煤炭好，但假設天然氣有一點外洩，它就比煤還壞。大家要了解這點，不能因為美國現在在瘋天然氣，就表示這一定是對的方向。

四、實驗室生產的燃料

所以我們就想，有沒有辦法用實驗的辦法，做出地球自然做出的這三類東西。第一、如何做出煤炭？我們可以在實驗室裡做出煤炭，只不過因為沒有高壓力，實驗室做出的煤炭，其密度比自然的煤炭低一點。我們想要高溫，但有不要讓氧氣進來，最簡單的辦法就是用熔鹽（molten salt）。圖 4 是我們第一部測試機器，在中研院化學所（清華大學現在也有一台這樣的機器），是很簡單的機器。這是我以前的學生蔡駿博士用理

圖 4：桌上型超級烘焙
法機器

論設計出來的。機器裡是攝氏 300 度的熔鹽，當生質原料進入
熔鹽裡，裡頭沒有氧氣，很快十分鐘就會變成煤炭。此外，生
質材料變成煤炭時，還會排放出不同的揮發性有機化合物，比
方說醋酸、甲醇等，這些化合物都還可以回收再利用。

利用這部機器，不管用什麼樣的植物材料，竹子、筷子、
牙籤、香蕉皮、橘子皮、葡萄柚皮，全都可以在十分鐘內變成
煤炭。澎湖有一種外來種植物，叫銀合歡（leucaena），已經
在澎湖長野了，澎湖政府想控制這些植物蔓延，就找上我們。
我們提出一項計畫，想用這部機器把銀合歡轉變成煤炭。我們
把做出來的煤炭拿去給台電測試，比普通的煤炭品質更好。我
們希望以後可以把煤炭賣給台電，比一般的煤更便宜、更乾
淨、更好。為什麼普通的煤炭那麼髒？因為煤從地底下挖出來
會有小石頭，小石頭裡有很多容易變成氣體的東西，像是水銀
（這是很壞的東西，現在癌症很大部分是因為水銀）甚至是鈾。
植物沒有這些東西，因為不是從地底挖出來的，沒有很多硫化
物（雖然還是有一些），所以不會有二氧化硫的問題。

第二，怎樣做出石油？最簡單的就是生質柴油
（biodiesel）。生質柴油可以從植物油（vegetable oil）製造。
如果我們將用過的植物油收集過濾起來，這些油還不能直接放

再生能源科技在台灣

到汽車裡面。一是冷的時候它容易結凍，二是它燃燒時會產生很多灰，所以我們必須將它轉變成脂肪酸甲酯（methylester）。這是很簡單的技術，現在台灣和世界各國都有很多公司在做：在過濾的植物油裡加入甲醇和氫氧化鈉，加熱後就會變成脂肪酸酯以及副產物甘油（glycerol）。純甘油則可食用或用在臉上，但生質柴油產生的甘油裡有氫氧化物，不能直接使用。酯交換反應後產生的油不純，要沖一點水，因為水跟油不會相溶，水會沉到底下把雜質帶走，這樣就成為乾淨的生質柴油，可以配送、儲存、使用。台灣氣候不會結凍，也許可以用100%的生質柴油，如果在比較冷的地方就可以降低比例，和普通柴油混合使用。

生質柴油的副產物甘油也是問題，一定要解決。要永續發展一定要沒有廢料，我們現在有技術可以將甘油變成氣體去燒，比天然氣還好用。天然氣是氣體，密度太低不方便運送，但甘油是液體，我們可以用甘油的形式運送，使用時再將它轉變為氣體。這也是個好機會。

實驗室造出來的煤炭長什麼樣子？圖5是以 $10\mu m／20\mu m$ 尺度拍出來的煤炭照片。左邊是在300℃溫度下十分鐘做出來的煤炭，右圖是在500℃溫度下十一鐘做出來的煤炭。在300℃時細胞壁都還在，裡頭也看得到細胞器，這種煤炭很適合拿去燒。不過溫度到500℃燒出來的煤炭變得有很多孔隙，量它的表面積，會發現每一公克可達46平方公尺。想想看一個看不太到的小東西，它的表面積卻比整個房間還大。我們可以怎麼用它呢？

我們現在有簡單、很便宜的方法可以做出像這樣的活性碳了。這有什麼好處呢？前面說過，在實驗室製造煤炭後，我們

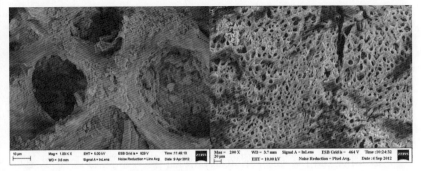

圖5：10μm／20μm尺度下的煤炭

要把熔鹽洗乾淨。在洗的時候，我們發現一個很有趣的現象：假設用髒水洗，水會變得愈來愈乾淨，因為水通過煤炭會變乾淨。現在全世界都有水的問題，怎麼樣讓水變得夠乾淨，讓人可以用，我們一定要有好辦法去處理這個問題。這也許是一個方向。

美國科羅拉多州曾做過一項實驗（希望台灣現在也有技術可以做此實驗）：科羅拉多州的 Hope 曾經是銀礦產地，一百多年前就開始挖銀，挖銀的過程也挖出很多其他東西，像是砷、汞、鎘、鋅等，都是很糟糕的污染物。銀挖完後，就剩下這些東西，使得礦坑附近的植物都無法生長。於是美國就展開礦坑復育計畫，重新植樹。我說過，現在美國有很多樹被甲蟲殺死，所以實驗團隊就把這些樹砍掉做成煤炭。以現行技術來說，每天可以製造 0.23 噸的煤炭。然後實驗團隊把這些煤炭埋到礦坑表面，過了一年原本光禿禿的礦坑就變得綠意盎然。這是為什麼呢？當水多的時候，這些煤炭可以吸收水份，天氣很乾燥時水份就會跑出來。煤炭可以保水，實驗團隊於是發現植樹時用水量可以減少。其次，煤炭吸水

〈Biochar: An ancient solution to a modern problem〉TedxBerkeley 短講

再生能源科技在台灣

時也會吸收污染，污染跑進煤炭後就被收起來了，所以土地慢慢就愈變愈好。

五、澎湖實驗計畫

我們現在打算在澎湖做個先期計畫。希望每天可以生產 59 噸的生物炭，比 Hope 的復育計畫多兩百多倍。一天 59 噸的煤，一年就有約 21,200 噸。而且我們可以把做出來的煤炭載去山上，不要燒掉，而是埋到地下，這樣便具有「負碳」的功能。因為植物會抓住二氧化碳，再把植物變成不會腐爛的煤炭，可以放上千百年。假設每一公頃的地放 100 噸的煤炭，一年可以復育 212 公頃的土地。把這些生物炭燒掉太可惜，如果我們這樣利用生物炭，在台灣省下一噸的二氧化碳，在別的地方也會省下一噸的二氧化碳，對台灣、對世界都有好的影響。這是我們希望走的方向。

前面提到，在澎湖有個外來種植物，叫銀合歡（leucaena）。為什麼澎湖會有這種植物？日治時期澎湖的土地貧瘠，什麼都長不起來，大樹也無法生長。所以日本人就引進這種植物，可以用來燒柴，比燒牛糞好多了。現在台灣沒有人再燒木頭了，或者燒天然氣，或者像澎湖一樣燒液化石油氣，這是很貴的東西。所以澎湖的銀合歡就變野了，到處都是。銀合歡為什麼會很強勢？銀合歡之所以有演化優勢，是因為它是固氮植物，可以從大氣中取得氮，不需要化學肥料。澎湖現在有 70% 的土地有這種東西，而且逐漸蔓延，如果現在不處理這問題，以後可能連飛機場、城鎮都沒了。所以澎湖縣很高興我們去幫忙處理這問題，把廢料變成燃料。

我們跟中科院合作一個可以把銀合歡變成煤炭的超級烘焙（supertorrefaction）設備。首先用卡車載來一車銀合歡，排掉水份，再用熔鹽煮十分鐘，等銀合歡變黑了後，再用水將熔鹽洗掉。清洗的水份會再回收，所以不需要用到額外寶貴的水。我們試圖在這過程中什麼都不要浪費掉。

澎湖可以有多少能源？澎湖有 141 平方公里，也就是 14,100 公頃，其中 70% 的土地有銀合歡。我們做過調查，每公頃可回收 21 噸的銀合歡，所以一年有 207,000 噸。要處理這些銀合歡需要五組超級烘焙設備，可以放在不同地方。銀合歡大概有 53.6% 會變成煤炭，所以總共會產生 111,000 噸的煤炭。每噸的煤炭可產生 27.0 千兆焦耳，所以總熱量是 $2.97×10^{15}$ 焦耳。假設要變成電，燒煤轉換成電的效率是 40%，所以是 $1.19×10^{15}$ 焦耳的電，也就是 $3.3×10^{8}$ 千瓦小時的電，差不多是全澎湖用電量的 37%。所以這夠不夠呢？我覺得還是少一點，不過因為澎湖有風，也可以用太陽光，也許在澎湖是夠的。在台灣本島大概就不能用這個辦法了，因為台灣沒有那麼多銀合歡，人口密度也比較高，所以台灣不可能全部用這個。所以大家要好好去想，是不是要取消核能，我們要花點腦筋去想。

六、結論

以下是可以讓大家帶回家的訊息：第一個重點是氣候變遷，氣候變遷不是四十年後的問題，是今天就會碰到的問題。第二，化石燃料用了 3.9 億年才製造出來，這些資源太寶貴了，不應該隨便燒掉，應該用作化學原料。第三，風力和太陽能會因為沒有風或有雲而發電量不穩定，所以需要基載電力（baseload），但天然氣並不如大家想的，可以當作風力發電

或太陽能發電的基載電力。現在大家說可以全部用風力機跟太陽光發電，這是不可能的事情，一定需要很長的時間。我們都說沒有太陽、沒有風的時候，才燒天然氣。但結果是愈多的風力機和太陽能發電，就會用愈多的天然氣。這是很糟糕的政策，但全世界都往這方向搞。

生物燃料更加自然，可以取代煤、石油和天然氣，我們很快可以做出來。它的好處是可以用既有的配送系統，直接用生物燃料替代，不須更改整個系統。現在全世界已花了無數經費建造出的基礎建設，說要立刻取消，全用風力機替代，這是不可能的。替代能源一定要用既有的基礎建設，一定要有夠高的吞吐量和可接受的 EROI。現在我們做的生物燃料 EROI 是 9，還不夠好，但有空間可以進步，缺點是如果要維持今天的生活水準，台灣無法只依靠生物燃料。

大家在選擇能源的未來時，基本上有三個選擇：如果你選擇取消核能，那麼你就得接受生活條件比你的父母壞得多；假設你不能接受這樣，那就要找到更好的辦法解決能源問題；或者，假使你不在乎，決定繼續使用化石燃料，那麼損害將會一年比一年大，天氣會變冷或變熱。我並不是說要保留核四，個人覺得核四有問題，但我們現在沒有很多好選擇，也沒有很多時間。不過沒有希望的時候，還是要保持希望。

特別是如果我們想要永續發展，一定要花時間好好想想如何把廢料變成資源。假設我們有這種基本哲學，地球會變得愈來愈好，生活會過得愈來愈好，我們可以挽救現在很壞的情況。

教學工具箱

網站：

美國科羅拉多州 Hope 礦區生物煤炭（biochar）
　計畫：http://www.aspennature.org/restore/
　forest-ecosystem-health/hope-mine-biochar-
　project
中研院永續能源特輯—徐遐生、李遠哲院士談
　能源：https://sites.google.com/a/asiaa.sinica.edu.
　tw/iaaq-on-web/2013Q2/backarticle_full

影片：

〈Biochar: An ancient solution to a modern problem〉
　TedxBerkeley 短講：https://www.youtube.com/
　watch?v=ZroDAyIqW74

延伸閱讀：

李宜澤（2014），〈臺灣生質能源計畫的技術設計
　與社會動員〉，《科技社會人 2：STS 跨領域
　新挑戰》。新竹：國立交通大學出版社。

BBC News (2013). What is fracking and why is it
　controversial? http://www.bbc.com/news/uk-
　14432401

再生能源科技在台灣

太陽光電可以替代核電

黃秉鈞

在本文中，作者分析台灣與國際的電價與太陽光電安裝成本，
指出太陽光電（photovoltaic，簡稱 PV）不同於一般的印象，
現階段已漸具經濟效益。然而從德國發展太陽光電的經驗來看，
要使太陽光電真正普及仍須面對一些挑戰，特別是既有電網穩
定性的問題。往「分散式電網」或「發電自用」的方向發展，
可能是太陽光電大量推廣的重要途徑。本文或可與本書〈能源
自主，公民如何可能？〉一文參照閱讀，思考發展太陽光電必
須同時改造的社會技術網絡。（編者）

一、前言

　　人類生存必須倚賴能源，但也必須付出代價，因此能源
與經濟息息相關，也就造成任何新能源開發必須歷經三個階
段：由最初的省能、不省錢，到中期的省能、省一點錢，發展
成熟後既省能又省錢。另一方面，環境保護議題已是國際社會
共識，環保的投資已不是一般的商品投資，不能從商品本身的
成本效益來看待，而是透過法律政策成為必要的投資。因此，
新能源發展只能倚賴兩大動力：一是從能源供應角度來看，新
能源必須符合經濟效益；其次則是無關經濟，完全從環境保護
（如溫室氣體效應）角度出發。新能源必須在這兩方面發展成
熟，才能順利推廣普及。在經濟優先考量下，初期新能源的推

廣便只能隨環境變遷緩步前進，除非新能源被界定為屬於環保投資，透過立法執行。

　　長久以來太陽光電能（圖1）給人的印象是：發電成本高、不具經濟效益，必須政府補助，由社會來共同負擔。但也可能付出過高代價，不符合國家整體利益。因此，純由經濟角度，太陽光電能可進入自由經濟市場自然發展而不用政策補助，要有兩個條件：系統安裝成本小於每千瓦（kW）台幣90,000元（3,000美元），以及石油漲價到每桶原油超過120美元或電價超過每度（kWh）台幣4元。2005年太陽光電系統安裝成本約每千瓦8,000美元，換算一般家庭如安裝3千瓦太陽光電系統，大概需要80萬台幣，想必沒有家庭可接受。相較於當時同步發展的LED照明（固態照明），LED是「鑽石股」，太陽光電則是「夢幻股」（黃秉鈞，2006）。而今數年過去，當時成本偏高、不具經濟誘因的太陽光電，現在無論從經濟或環境效益兩大動力來看，太陽光電都已從往日的「夢幻股」變成「鑽石股」。但是，太陽光電如果要真正大量推廣，必須面對一些挑戰。

圖1：太陽光電系統

二、太陽光電平價上網時代來臨

　　2013 年太陽光電系統的安裝成本為每千瓦台幣 60,000 ～ 90,000 元（2,000 ～ 3,000 美元）。依據台灣各地實際運轉監測資料，在台灣每裝設 1 kW 太陽光電系統的年發電量約 900 ～ 1400 度，北部最低，南部最高。以平均值 1,200 度來計算，二十年共可發電 24,000 度。如將太陽光電系統當成節能工具，以台灣住家用電戶的平均每度電價台幣 3 元來算，不考慮電價上漲，二十年共可節省電費 72,000 元，約與太陽光電系統的設置成本相當。

　　事實上，台灣的電費採累進計價，依據台電資料，台灣住家（非營業用戶）有約 380 萬戶所支付的平均電價超過每度 3.87 元（每月用電超過 330 度），約佔所有用戶的三分之一。營業用戶有約 63 萬戶所支付的平均電價超過每度 3.99 元（每月用電超過 330 度），約佔三分之二。如果以每度 3.9 元來計算，二十年共可節省電費 93,600 元，高於太陽光電系統設置成本。這就是所謂的「平價上網」（grid parity），亦即自己裝設太陽光發電的成本與向電力公司購電費用相當或更低，太陽能供電不足時才由電網購電。台灣有 380 萬住戶與 63 萬營業用戶，總共達 440 萬戶可以平價上網，不需政府補助——太陽光電首度具有經濟效益！

　　不但如此，如果仔細分析每一非營利用戶的用電結構可以發現（表 1），對於全年電費接近 50,000 元的用電戶（每月用電超過 700 度），其平均電價為每度 5.41 元，裝設 1 千瓦太陽光發電系統，二十年共可節省電費 129,840 元，比起安裝成本每千瓦台幣 60,000 ～ 90,000 元，年平均投資報酬率為 2.2 ～ 5.8%，高於銀行存款利息。表 2 為營業用戶的電價結構，其裝

表 1：非營業用戶（住家）電價結構（依 2013/10/1 實施之電價）

每月用電度（度/月）	非營業用 電費計價級距（度/月）	各級距用電度數（度/月）	夏季（6/01-9/30）				非夏季（10/01-5/31）				平均電價（元/度）	全年電費（元）
			各級距電價（元/度）	各級距電費（元/月）B	B/C	每月總電費（元/月）C	各級距電價（元/度）	各級距電費（元/月）D	D/E	每月總電費（元/月）E		
120	<120	120	2.1	252	1.00	252	2.1	252	1.00	252	2.10	3,024
330	121-330	210	3.02	634	0.72	886	2.68	563	0.69	815	2.79	10,063
500	331-500	170	4.39	746	0.46	1,633	3.61	614	0.43	1,429	3.87	17,958
700	501-700	200	5.44	1,088	0.40	2,721	4.48	896	0.39	2,325	4.80	29,478
1,000	701-1000	300	6.16	1,848	0.40	4,569	5.03	1,509	0.39	3,834	5.41	48,942
1,500	>1001	500	6.71	3,355	0.42	7,924	5.28	2,640	0.41	6,474	5.76	83,482
2,000	>1001	500	6.71	3,355	0.30	11,279	5.28	2,640	0.29	9,114	5.76	118,022

表 2：營業用戶（商家）電價結構（依 2013/10/1 實施之電價）

每月用電度（度/月）	非營業用 電費計價級距（度/月）	各級距用電度數（度/月）	夏季（6/01-9/30）				非夏季（10/01-5/31）				平均電價（元/度）	全年電費（元）
			各級距電價（元/度）	各級距電費（元/月）B	B/C	每月總電費（元/月）C	各級距電價（元/度）	各級距電費（元/月）D	D/E	每月總電費（元/月）E		
330	<330	330	3.76	1,241	1.00	1,241	3.02	997	1.00	997	3.27	12,936
700	331-700	370	4.62	1,709	0.58	2,950	3.68	1,362	0.58	2,358	3.99	30,666
1,500	701-1500	800	5.48	4,384	0.60	7,334	4.31	3,448	0.59	5,806	4.70	75,786
2,000	>1501	500	6.73	3,365	0.31	10,699	5.31	2,655	0.31	8,461	5.78	110,486

設太陽光電系統的效益更為明顯。

　　據台大新能源中心最新研究，考量初期投資費用與負載變化的不定因素，個體戶設置太陽光電系統最佳的供電佔比為10% 至 30% 之間，亦即太陽能光電佔用戶總電力需求的百分之十至三十為最佳，不足之部分由電網供給。

　　針對全年電費接近 30,000 元的用電戶（每月總用電為 700度），其中 200 度（每月）係超過 500 度電價級距部分（平均電價每度 4.8 元），此部分電費為 1,088 元，佔總電費的 40%（表 1 之 B/C、D/E 欄）。針對這部分裝設 1.5 千瓦太陽光電系統，每月約可供給 150 度電（以每 1 千瓦太陽光電系統每年發電 1,200 度計算），佔總用電量的 21%，每月可省電 720 元，剛好符合上述研究結論。

　　此一現況說明太陽光電「平價上網」時代已來臨，不需政府補貼。截至 2012 年，全世界有二十四個國家可以平價上網（Gay，2012），其中有十一個國家是 2012 年才進入名單的，包括澳洲、德國、智利、愛爾蘭、菲律賓、土耳其、敘利亞、貝里斯、納米比亞、塞席爾、多哥。2020 年將有七十八個國家，涵蓋 98% 全球人口、99.7% GDP、99.5% 住家用電可以平價上網。台灣則被認為到 2020 年才能平價上網，與美國、南韓、加拿大同步，這是因為分析時採用官方公布的平均電費數據。影響平價上網的主要因素有：用戶的用電結構與實際支付的電價、政府對電價的補貼政策、地區的太陽輻射資源。實際上，凡每度電價超過台幣 4 元的地區或用戶，幾乎都可平價上網。

　　根據德國經驗，安裝太陽光電系統的個體戶約佔 40%。未來平價上網的初期用戶可能是中上階層，具環保意識、經濟能力佳的社會菁英群，安裝小型太陽光電系統目的不在賺取微

薄利潤，而是為彰顯個人環保理念。如果由這階層人士帶動風潮，將可使太陽光電快速推廣。

三、以太陽光電替代核電的可行性

核電雖有其便利之處，過去曾蓬勃發展，但核廢料的終端處理問題一直沒有完善解決方法，加上日本 311 核意外事故，讓世人對其安全性存疑。隨著環保意識高漲，反核浪潮洶湧，廢核幾乎是全民共識，但是廢核以後的電力缺口必須先有妥善解決方案，才能推動非核家園。由上述分析顯示，太陽光電已具經濟效益，因此，以太陽光電取代核電出現一道曙光，但仍有許多問題必須克服。

（一）安裝空間問題

首先面臨的是安裝空間問題。核四的裝置容量為 2,700 百萬瓦（MW），年供電量為 212.8 億度，佔全國總供電量的 6%。以目前太陽電池模組效率 17% 來估算，取代核四供電量需要裝設 19.35GWp（十億峰瓦）太陽光電系統，總基地面積需求（可裝設太陽光電的屋頂面積）約 120 平方公里。根據營建署統計資料，過去十年新建築的總基地面積為 70 平方公里，也就是說，只要政府制訂法規規定未來十年的所有新建築都必須安裝太陽光發電設備，就可以替代近 60% 的核四供電量。如採用太陽光電的同時配合主被動節能技術的應用，全部替代核四並非不可能。

若要進一步取代所有核電，以核一到核四廠總裝置量 7,844 百萬瓦來算，所需太陽光電系統裝設量為 56.2 GWp，需要基地面積 350 平方公里，正好等於目前全國總屋頂面積，這也意

味著如將所有屋頂裝設太陽光電系統，就可以取代核電。

以上分析顯示，從安裝空間問題來看，以太陽光電替代核電，理論上是可行的。新建築有法規配合，在建築設計時即考慮裝設太陽能板的需要，可以輕易解決安裝空間問題。早年以色列就立法規定，所有建築必須裝設太陽能熱水器，使得其普及率近八成，為全世界第一。但是新建築只佔不到 5%，要大量推廣太陽能，必須考慮舊建築的安裝問題。

（二）安裝技術問題

舊建築的設計五花八門，設計時並未考慮安裝太陽能系統，使得事後安裝遇到技術問題，而成為推廣太陽能的最大難題。由於近幾年來太陽光電的迅速推廣，安裝技術已大為改進，輕結構設計、標準化配件、安裝方法、簡易配線等，都已成為工業標準，施工也簡化許多，如圖 2 的斜面式與平台式安裝。

針對人口稠密都會區建築，安裝空間不易取得，也可採用垂直式安裝，如台大新能源中心開發的簡單追日型太陽光電系統（圖3）。其採用與建築一體（BIPV）的垂直軸設計，並利用三角度追日技術（每

圖 2：太陽光電系統的屋頂安裝技術（斜面式與平台式安裝）

圖3：太陽光電系統的建築一體（BIPV）垂直式安裝

天只有早、中、午三種角度），追蹤機構簡單、控制動作單純、安裝容易、成本低廉，並利用智能控制技術使發電量增加。在台北的測試結果顯示，與傳統屋頂固定式太陽光電系統相較，晴天時單日最大可提升太陽電池發電量 39%。在台北地區全年發電量可提高 25%，在台中地區為 30%，在高屏地區為 35%，在沙漠地區可達 37.5% 以上。因此，太陽光電系統在人口密集地區的安裝技術問題也可說已能克服。

（三）利用太陽光電降低夏季尖載供電需求與成本

經數十年的研究，大家都已知道台灣夏季的電力尖載主要來自冷氣空調的耗電，其隨氣溫與太陽輻射量增加而增加，而太陽光電系統的瞬間發電量也隨太陽輻射量增加而增加，與尖載同步。圖4所示為台大新能源中心的太陽能冷氣系統（1.38 kWp PV，2 台 2.2kW 冷氣機）測試結果，證明冷氣機耗電量確實與太陽光電系統發電量成正比。

因此利用太陽光電來供應冷氣空調耗電，可降低尖載時段電網內發電設備包括核電的供電量，廢核後的缺電問題便可緩和許多。核四發電容量 2.7GW，因此只需一百萬用戶安裝 3kW 太陽光電系統大概就可替代，約佔可以平價上網住商用戶的四分之一不到，所以沒核四也大致不會缺電。

另外，尖載時段的電網發電成本很高，利用太陽光電可

再生能源科技在台灣

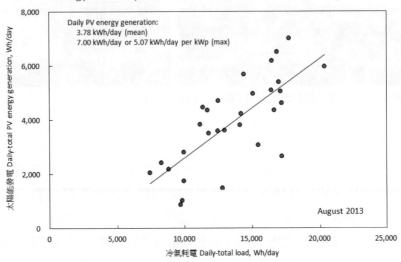

圖 4：冷氣耗電量與太陽光電系統發電量成正比（台大新能源中心 2013 年測試）

以降低一般發電廠的尖載發電成本。德國已發現推廣太陽光電後，尖載時段的電網發電成本降低達四成（圖 5）（Craig，2012）。

以上分析說明，無論從經濟效益、安裝空間與技術，或減緩電網的夏季尖載供電問題，以太陽光電取代核電是可行的。

四、太陽光電普及化所面對的問題與解決方法

（一）電網輸配電問題

目前太陽光電已進入平價上網時代，不只可以替代核電，也可大量普及應用。不過，仍有一項技術問題必須克服。由於太陽能是不穩定能源，每年日照時數遠小於 8,760 小時，如表 3 所示為氣象局 1980 至 2010 二十年間的台灣各地平均日照時

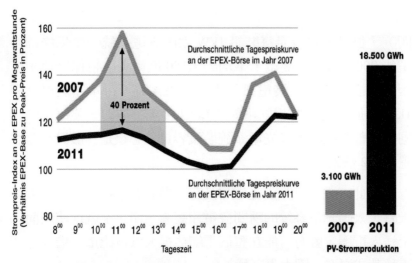

圖 5：太陽光電可降低電網尖載成本，曲線表示 2007 年與 2011 年白天平均零售
電價，長條圖表示 2007 年與 2011 年的太陽光電發電量。（資料來源：
IZES）

表 3：1980 至 2010 二十年間的台灣各地平均日照時數

地名	日照時數（小時）	地名	日照時數（小時）
基隆	1,277	宜蘭	1,396
淡水	1,541	花蓮	1,504
臺北	1,405	臺東	1,728
新竹	1,851	阿里山	1,566
臺中	2,043	蘭嶼	1,474
嘉義	2,067	日月潭	1,646
臺南	2,181	澎湖	2,031
高雄	2,212	恆春	2,234

數監測數據（輻射量大於 $120W/m^2$ 的時間），從最低的基隆
1,277 小時到最高的高雄 2,212 小時。

　　眾所周知，太陽光電系統在陰雨天與夜間無法發電。一般
發電廠包括火力、水力與核能電廠，依台電資料，每安裝 1kW
發電設備每年可以穩定提供電能約 7,884 度電（扣除歲修時

間）。但是，在台灣每裝設 1kW 太陽光電系統一年只能提供電能 900 至 1,400 度電，平均約 1,100 度電（取較保守值）。因此要安裝 7.2kW 發電量的太陽光電系統，每年才能提供與 1kW 一般發電廠的相同電能（7,884 度）。亦即，要每年供給同樣度數電能的太陽光電系統裝設容量，必須是一般發電廠容量的 7.2 倍大。

如此一來，當太陽光電普及化、裝設容量很大後，在大晴天時，太陽光電系統的瞬間發電達高峰，如果不就地使用而係全送入電網，就有可能在整個電網佔很大供電比重，造成電網不穩甚或崩潰（因太陽不穩）。

這個問題已發生在德國，其太陽光電大力推廣後，電網穩定性問題已開始受到重視。2012 年中，德國太陽光電總裝置量約 30GW，佔電網總裝設容量（140 GW）的 21.4%，供電度數約佔電網總供電的 3%。2012 年 5 月 25 日大晴天時，太陽光電瞬間總發電量達 21GW，約達總電網供電的 40%（圖 6）

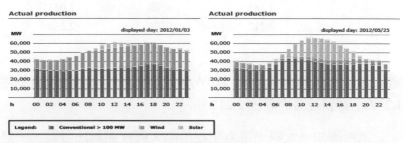

圖 6：德國 PV 瞬間發電接近 40%（Luther，2012）

（Luther，2012）。2013 年 7 月 21 日下午 13:30 大晴天時，太陽光電瞬間總發電量更破記錄達 24GW（圖 7）（Burger，2013），有電網崩潰風險。未來可能採取兩種作法：（1）如發電量超過電網需求（頻率高於 50.2 Hz 時），關閉 9GW 太陽光電廠，約佔裝設量的三成；（2）將多餘的太陽光尖峰電力賣給鄰近國家，但要冒電網斷電之風險（Wikipedia，2014）。此兩種方法都不是最有效的辦法，前者使太陽光電系統在大晴天時被關廠，形同虛設；後者涉及複雜的大陸間電網並聯技術問題，有電網崩潰風險。德國如要繼續擴大太陽光電應用，另一個解決高佔比太陽光電產生的電網輸送問題，就是投資 210 至 270 億歐元改進電網系統，其成本驚人。其實類似太陽光電的併網送電問題最近也出現在台灣與中國，即使一個小規模社區型的太陽光電系統，將所發電力全部饋入低壓（220V）電網，也可能會因造成區域變電系統的超載而被拒絕。

（二）分散式發電與微電網科技

德國的太陽供電推廣目標是於 2030 年達 66GW，2050 年 80% 電力來自再生能源（Wikipedia，2014）。因此，電網輸送問題成了最棘手問題。目前許多國家的獎勵政策（feed-in

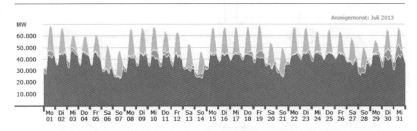

圖 7：2013 年 7 月 21 日德國太陽光電瞬間發電突破 24GW（Burger，2013）

tariff）是在鼓勵太陽光電系統安裝戶不自用，而是回售電網賺取優厚的售電電價。此種獎勵政策也誤導社會大眾，把太陽光電變成生財工具，而由全民買單，也形成嚴重的電網輸配電問題。因此，最佳的解決方法應是推動「分散式發電系統」（distributed power system），也就是安裝太陽光電系統的用戶就地發電就地使用（self-consumption），如有剩餘則就地蓄電或鄰居互相支援，避免回售電網造成送電負擔。蓄電也成了大量推廣太陽光電的必要技術。

將某些個體戶太陽光電系統予以串聯，可形成一個微電網（micro grid），利用智能管理技術進行個體戶相互間的電力調度（圖 8），構成智能電網（smart grid），可以使太陽光電系統發揮最大效益。智能電網是結合蓄能與負載變化

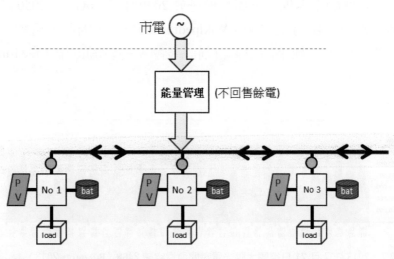

圖 8：太陽能微電網示意圖

之控制技術，並且將蓄能與 ICT（information communication technology）結合構成智能電網之一環。尋求太陽光發電（或風力或其他再生能源）、市電、蓄電、負載之最佳能量管理控制，以優化系統成本與降低停載機率（loss of load power），是最重要的關鍵技術。

唯有利用微電網科技，採用智能蓄電技術（intelligent storage technology）才能將變動的太陽光電併入電網，利用蓄電技術暫時儲存變動的太陽光電力，可使電網穩定運作，其中牽涉發電、送電、用電（負載）、蓄電的複雜電力調度（能量管理）技術。

由上述說明可以看出，針對太陽光電普及化後所面對的電網穩定性問題，目前由上而下單向的集中式電網結構必須進行重組。未來電網須先進行區域內電力交換，若有剩餘或不足電力則在區域間進行交換，電力潮流方向不再固定由特高壓流向高、低壓。智慧型電網的分散式控制流程係由下而上的調度與控制，有別於傳統電力網的集中式控制流程。為配合發電自用（self-consumption）、分散式發電、蓄能、微電網的新概念，不只電力技術需革新，連電網的商業經營模式也都必須改變，這是最大挑戰。

五、結論

長久以來太陽光電能一直被認為發電成本高、不具經濟效益，必須政府補助，由社會來共同負擔。但是由於近幾年來太陽光電科技與產業的蓬勃發展，太陽光電已具經濟效益，「平價上網」時代已來臨，可以把太陽光電當作節能工具。亦即自

已裝設太陽光發電自用的成本比向電力公司購電便宜，供電不足時才向電網購電。因此，以太陽光電取代核電也出現一道曙光，但仍有許多問題必須克服。本文分析顯示安裝空間與安裝技術都可解決，而且利用太陽光電來抑低電網的尖載供電是可行的，且有很高經濟效益。最重要的是，當太陽光電推廣達到一個比重後，便會發生電網輸配電穩定度問題。以德國為例，太陽光電總供電量只佔 3% 便已令人擔憂電網的可靠度，必須採用蓄電，否則便要花費鉅資增強電網，使太陽光電增加間接成本。

如果想以太陽光電取代核電，以台灣為例，核電佔全國總供電量的 17%，如全部以太陽光電替代，將遠高於德國目前的 3%，因此推廣分散式系統（包含蓄電）是唯一途徑。也就是說，如果太陽光電達普及化並取代核電，必須採分散式發電與蓄電（發電自用），並運用微電網科技，否則是不可能的。

人類未來能源應該是採傳統化石能源與再生能源以互補的方式供給，並以分散式發電配合智能微電網科技，就地發電就地使用，如有剩餘則蓄存或互相支援。但是要達到此一地步，必須重新建構分散式的電力系統，這是最大的挑戰。

教學工具箱

引用文獻：

黃秉鈞（2006），〈夢幻股太陽能 vs 鑽石股 LED〉，《今周刊》7 月 24 日，頁 126-127。

Burger, Bruno (2013). Stromerzeugung aus Solar- und Windenergie im Jahr 2013. Fraunhofer-Institut für Solare Energiesysteme ISE. *Fraunhofer-Institut für Solare Energiesysteme ISE – Stromerzeugung aus Solar- und Windenergie im Jahr 2013.*

Gay, Charlie (2012). Advancing Today's PV Market Through Crystalline Silicon Manufacturing Innovation. 2012 PV Asia Pacific Conference, Singapore.

Luther, Joachim (2012). Transformation of the global energy system towards sustainability – benefits and challenges. 2012 PV Asia Pacific Conference, Singapore, 23-25 October 2012.

Morris, Craig (2012). Merit order effect of PV in Germany. http://www.renewablesinternational. net/merit-order-effect-of-pv-in-germany/ 150/510/33011/ (Retrieved: 6 June 2014).

Wikipedia (2014). Solar power in Germany. http://en.wikipedia.org/wiki/Solar_power_in_ Germany#cite_note-14 (Date of last revision: 17 March 2014; Retrieved: 6 June 2014).

網站：

台大新能源中心網站：http://140.112.14.7/~nec/ch/ch_main.htm

影片：

〈地球證詞導讀：美國能源大探索〉：黃秉鈞教授介紹美國再生能源發展現況，線上收看可見 https://www.youtube.com/watch?v=We4M4x3F1tM。

〈能源時代—德國再生的希望〉公視「我們的島」報導：https://www.youtube.com/watch?v=dCh2BQwdKGA

延伸閱讀：

黃秉鈞（2008），〈台灣如何利用太陽能發電？〉。《科學人》，2008 年第 72 期 2 月號，http://sa.ylib.com/MagCont.aspx?Unit=featurearticles&id=1146。

潘美玲（2013），〈太陽光電專題報導：序言〉。行政院科學委員會—科技大觀園專題報導，可從科技大觀園專題報導首頁搜尋，http://scitechvista.most.gov.tw/zh-tw/Feature/L/0/13/10/1.htm。

綠色能源之風力發電機示範系統

戴德炫

全球暖化造成氣候變遷，各國努力抑止全球氣候繼續惡化與溫室效應氣體超量排放，減少石油用量，因此各國廣泛推廣再生能源的使用，如太陽能、風能等，以減少二氧化碳排放。本篇內容主要敘述風力發電機在台灣發展性，利用各地區風力圖，及收購電價評估投資效益是否可行，以及目前廠商實際運轉上所面臨的問題，分析如何讓風力發電機本土化，風力發電機整體建置對於環境考量面有何幫助，以及發展離岸風力發電機所面臨的問題點等。本文並嘗試提出實際建置後所遇到相關問題，期能推廣風力發電機使用，為社會環境盡一份責任。

一、前言

再生能源包括風力、水力、太陽能及潮汐能，其中，風力發電技術已趨成熟且達商業化規模，近年來裝置容量快速成長，能有效地扮演分散式、輔助性能源的角色，對能源及環境的貢獻相當重要。目前全球有三大危機，分別是金融危機、能源危機及環境危機。就金融危機而言，因風力發電機的技術發展快速，風力發電機的興建可提供許多工作機會，過去三年造就全球 44 萬個工作機會，而大部份都屬於高科技人材（European Wind Energy Association，2009）；就能源危機而言，風力發電機逐漸取代傳統能源發電，由於傳統能源缺乏而造成

能源費用提高，相對減少風力發電機的投資回收年限，於是各國更加速發展風力發電機；就環境危機而言，風力發電機是零污染排放的能源，因此各國提出執行《京都議定書》的對策，即是逐步建置風力發電機及推動其他綠色能源。總而言之，推廣風力發電機之設置可以一次解決三個危機。

風力發電是永續利用、低污染、低碳排放的再生能源，具有能源與環保的雙重貢獻。就能源貢獻而言，風力發電每產生一度電可減少 0.25 公升燃油或 0.37 公斤燃煤的使用量；就環保貢獻而言，風力發電每產生一度電約較傳統燃煤發電減少 1 公斤 CO_2 及少量 NO_X、SO_X 等污染物的排放，其環境成本較傳統能源低。

台灣為季風型海島氣候，每年的十月至隔年二月間，擁有豐沛的東北季風，許多地區的年平均風速都超過每秒 5 公尺以上，其中，風速較大的地區有澎湖、蘭嶼等離島、桃竹苗沿海、中部及嘉南沿海、恆春半島及東北角，這些區域極具設置風力發電的潛力（江火明等，2001）。依據經濟部能源局資料，至 2007 年八月底，台澎地區已裝設 127 座風力發電機，總容量為 217.2MW，可供應 14.6 萬戶家庭一年的使用量（莊智媚，2008）。

二、國內風力發電機發展概況

國內在遭逢二次能源危機後，經濟部能源委員會資助工研院能環所於民國七十至七十九年間進行系統性的風能應用研究。一方面逐步完成台灣地區風能潛力評估；另一方面建立風力發電機研製技術能力。階段性任務完成後，因油電價格低靡且風力發電建置成本仍高，暫時缺乏用電市場競爭而中止研

公民能不能？能源科技、政策與民主

50

發，因此國內風能應用技術未有明顯進展（朱博祥，2002）。

為因應「氣候變化綱要公約締約國大會」所通過《京都議定書》對溫室氣體減量的決議，我國政府於民國 87 年召開「全國能源會議」，會議設立再生能源發展目標，希望至 2020 年佔總能源供應比重 1% ～ 3%、占電力總裝置容量 1% ～ 3%，以「全國能源會議」時預估 2020 年全國電力總裝置容量 7,120MW 計算，相當於風力發電機設置總量須達 71MW 至 214MW（郭博堯，2003）。

在風場評估、選址技術領域以及離岸式風力發電系統技術方面，國際皆有領先技術，國內應透過研發、國際合作，強化整合與市場分析，建構國內整體風力發電系統與應用能力，也提昇國內風力發電相關技術。希望藉由技術之開發，能與世界風力發電相關技術接軌（經濟部能源委員會，2009）。

在推動措施方面，經濟部能源會自 89 年度開始編列預算，補助民間企業建置風力發電機示範系統，以推廣國內風能利用，於 89 年 3 月 22 日頒佈《風力發電示範系統設置補助辦法》，對審核通過示範系統給予設置成本 50% 以內、最高每千瓦新台幣 16,000 元之設備補助，為期五年。本文後續介紹的春風風力發電機示範系統也是當時審查通過的示範系統。

工研院能環所配合政府於八十九年度起，研擬執行「風力示範推廣計畫」，並於民國九十四年底，技術輔導民間設置至少 18 MW 以上風力發電機示範系統，建立國內風力發電機運轉技術經驗，促進民眾對潔淨風力能源瞭解，營造推廣應用環境，完成台灣地區風力潛能分佈圖，並進行陸上及海域可用風力發電場址評選規劃（參見千架海陸風力機計畫推動辦公室，http://www.twtpo.org.tw）。

現今在市場上銷售的商業化風力發電機單機容量介於600～2,500KW，但基於陸上風況佳之場址有限之考量，朝大型機組研發及設置離岸式風力電廠（offshore wind farm）已是歐洲風電產業發展的新趨勢。風力發電機除了朝離岸式發展外，朝大型風力發電機研發也是另一個商業主流。

台灣四面環海，除旺盛的海風外，還有強大的東北季風。澎湖、蘭嶼等離島也都有豐沛風力。台灣第一座風力發電機在2000年設置後，包括政府及民間，都積極地推廣風力發電機。但是台灣風力發電機的發展規模，卻受到地形侷限。台灣由於平地幅員狹小、山地交通不便，實際能安置風力發電機的土地並不多。據台電表示，台灣目前所有可建置發力發電機的土地，幾乎都滿了。

建置離岸式風力發電機組，為目前風力發電機的新潮流。基本上將風力發電機組移至海上裝置，每一風力發電機豎立於海面上。歐洲國家如丹麥、德國、英國或瑞典等國家，因陸域式風場已不易再尋覓優良風場，而逐漸將重心放在離岸式風力發電機等的建置。由於海岸風力資源相當豐富，離岸式風場具有較高風能和穩定風速的雙重優點，同時也能夠避免陸域式風場建置所產生的衝突，並避免大量土地利用及開發限制的優點。但是其缺點為成本較高，所以擴大其風場規模，為降低發電機成本的方式之一。海面上施工的技術開發、海底電纜的鋪設及運輸裝置等問題，也提高了該項工程的困難度。

離岸式有較高且較穩定的風，且因海上蘊藏有巨大的風力資源，亂流較小，可使風力發電機有較穩定的電力產能輸出，減輕陸

〈丹麥的承諾與挑戰〉公視「我們的島」報導

上開發壓力，減除噪音、景觀等影響顧慮，而有較高的發電效益。理論上，每增加 10 % 的風速，會增加 30 % 電力產出，因此離岸風場大都採用高發電容量及較高風速發電能力之風力發電機。然而直到目前，離岸風力發電經驗仍然十分有限，主要原因是離岸風力發電設備所需之安裝及支撐結構費用，比陸上風力發電設備來的困難且昂貴，因此如何降低成本及風險，成為離岸風場建置的重要考量。（楊明浩，2006）

國內風力發電機推廣障礙根本解決之道須從制度法規及改善環境條件面著手，將風力等再生能源現階段推廣所面臨之土地，併聯及優惠購電等問題由單一窗口處理。排除設置風力發電機所遭遇土地取用問題，提高優惠售電，提供更大的經濟誘因，方可突破投資的障礙，營造出有利的推廣應用環境。

三、風力發電機重點技術概況

現今商業化主流風力發電機採水平軸、上風式、三葉式翼型設計，主要由葉片轉子（rotor blade，俗稱葉輪）、傳動鏈（增速齒輪箱及發電機）、控制系統及塔架等單元所構成。在輸出性能方面，葉輪氣動性能的好壞對風力機輸出效率具有決定性的影響，由於導入許多航太技術應用於葉片的設計，已大大地提高風力機之輸出效率。葉片為風力發電機主要關鍵技術之一，約佔成本 21%。風力發電機因葉片與旋轉軸相接方法不同，大致上分為兩種不同型式。一為垂直軸式風力發電機，主要葉片是圍繞一個垂直軸旋轉而且風向與轉軸成垂直。其主要優點是不必因為風向改變而調整葉片方向，缺點是無法抽取大量風能，並且需要較多葉片材料。另一種為水平軸式風力發電機，主要葉片是徑向安裝並且風向與轉軸成水平，其優點有較

高風能系數與扭力，缺點起動風速較高。隨著風力發電機朝百萬瓦級發展後，葉片的製程以及測試驗証更顯重要，現以玻璃纖維強化塑膠材質為主，具有質輕、耐腐蝕等功能，未來發展趨勢將以碳纖（carbon fiber）或碳纖／玻纖混成（carbon/glass hybrid)取代玻纖，以朝大型化風力機發展（巫俊達，2007）。

現代式風力發電機皆使用微電腦監控，可隨風速、風向的變化而自動啟動、關機及迎風轉向。此外運轉監控系統可監測過熱、過載、過轉向及超轉速等，當異常狀況發生時可自動警報及停機，並具有遠距監控的功能。在安全保護方面，市場上風力機多數皆已採用兩套獨立的安全制動系統（氣動煞車及機械煞車），且為失效保護（fail-safe）設計，當異狀發生時即可自動啟動，將葉輪轉速降至可接受的範圍或停止狀態。目前風機技術有逐漸朝下列特色方向發展之趨勢（巫俊達，2007）：

（一）輸出控制方式朝向可變旋翼（旋角節制）

由於風力不穩會使風力發電機輸出變得不穩定，通常風力發電機均有額定輸出，超過額定太多易造成齒輪箱及發電機的損壞，為維持穩定輸出及避免超額運轉，風力發電機有必要做輸出控制。市場上中大型風力發電機主要有二種控制輸出的方式：一種為失速控制（stall regulation），即利用固定旋翼，藉由翼型在較高風速時受空氣動力之分流或失速現象（stalling）來降低輸出；另一種為旋角控制（pitch regulation），即利用可變旋翼構造，於高風速時調整葉片的角度，以減低風的推力。

失速節制為較早期之設計，將葉片根部直接固鎖於輪轂上，具有簡單可靠、免維護及造價低之優點，但僅能得到折衷的輸出曲線。旋角節制為較先進的設計，可配合風速變化自動調整葉片節距角（pitch angle）以獲得較佳的輸出曲線，並可

降低啟動風速及避免過高的輸出；但機構較複雜造價較高，且機組維護保養亦較費事，然大型風力機尤其是百萬瓦級以上採旋角節制者已有漸居上風之趨勢。

（二）傳動系統朝向變轉速及無齒輪箱式

傳統的傳動設計主要使用增速齒輪箱（gearbox），將葉輪每分鐘數十轉之低轉速提升至發電機所需之高轉速，將機械能轉換為電能。目前使用齒輪箱之風力機仍佔市場多數，且技術已極為成熟，配合可變轉速（variable speed）之設計可得到相當穩定良好的電力輸出品質。然而透過增速齒輪箱傳輸扭力，不免傳動損失影響發電效率，故有無齒輪箱式（gearless）風力機設計概念之產生。

無齒輪箱式風力機由葉輪直接驅動發電機（direct drive），配合風速變化可持續改變葉輪轉速，以達最佳輸出效率。此先進之變轉速風力機，其關鍵技術在於結合高科技電力電子變頻技術，讓葉輪轉速隨風速變化時亦能輸出穩定的交流電力。

有齒輪箱式風力機成本較低，且技術成熟發電容量提升較易，預期近期內仍為主流。而無齒輪箱式風力發電機輸出電力更穩定、效率更高，且啟動風速需求較低，所需運轉維修亦較少；但龐大的永久磁鐵發電機造價偏高，重量亦較重，更大型化及能否耐離岸式環境仍有待技術發展，目前已逐漸在市場上佔有不少比重，未來若能突破相關技術瓶頸並降低成本，長期來說應可成為主流。

（三）發電機朝向可變轉速之發電機

發電機若採非同步（感應式）者，已可藉由光訊號傳輸

增加阻抗，將原來為定轉速發電機改變為具寬廣轉差甚至於可變轉速之發電機，大幅減少發電機系統變動負荷及提昇電力品質；而同步式發電機亦拜先進電子技術之賜，甚至可省卻風力發電機之齒輪箱，直接由葉輪傳動發電，可有效降低噪音及提供良好電力品質。

目前先進的變速型風力發電機（variable-speed wind turbine）已可持續改變葉輪轉速，以配合風速變化使翼端速比值（tip speed ratio）維持固定以達最佳輸出效率。此種變速須配合 AC-DC-AC 變頻器使用，其關鍵在於結合風力發電機與電子變頻技術，讓葉輪轉速隨風速變化時亦能輸出穩定的交流電力。變速型風力發電機不需要齒輪箱，而採用一個直接耦合大輪圈式發電機，這種發電機所需維護較少，效率較高，且可達較低起動風速，深具市場潛力。（巫俊達，2007）

四、再生能源政策與風力發電

若從經濟層面考量，再生能源採用之最佳選擇順序依次會是地熱發電、風力、太陽能、波浪發電以及海洋溫差發電；但是若從環境層面、以二氧化碳排放量最小為目標來選擇再生能源替代傳統能源方案，地熱發電會因其在開採過程中逸散之氣體有 98% 以上是二氧化碳，而被排除在考量之外（黃欣惠，2004）。

鑑於再生能源發電成本高於傳統發電成本，在傳統發電方式對於社會環境之外部成本尚未納入其成本預算時，再生能源在開放市場之競爭力仍有限。為長遠發展再生能源的利用，除以計劃方式提供再生能源輔助或獎勵外，部分先進國家以推動制定推廣「再生能源利用之專法」，或相關法律中納入再生能

源利用之相關推廣規定，以降低行政規章可隨時變動之不確定因素，增加政策穩定度，提昇民間業者投資意願。歸納各國現行再生能源推動制度，主要分為：

1. 固定電價系統：由政府制定再生能源電優惠收購電價，而由市場決定使用數量。

2. 固定電量系統：又稱再生能源配比系統，即由政府規定再生能源發電量，而由市場決定價格。

　　再生能源的發展可以說是各國為因應全球暖化最具體的措施之一。國際上先進國家推動再生能源發展之具體措施與行動策略規劃方向包括（孫一菱，2005）：

1. 技術創新機制的建立：利用租稅或投資抵減的方式，鼓勵再生能源技術研發；移除過當的再生能源投資障礙，擴大公共或私人部門的融資機制，鼓勵再生能源技術研發與創新，以提高再生能源的使用。

2. 再生能源市場發展：再生能源價格與設備補貼或對化石燃料課徵環境稅或碳稅，提高再生能源市場競爭力。

3. 再生能源管理制度：採行再生能源配比義務制度，創造再生能源市場需求；此外，並提供消費者購電資訊，促進再生能源發展。

4. 再生能源權證交易制度：建立綠色權證交易制度，創造再生能源發電成本有效性及市場效益，降低再生能源生產的不確定性，提高再生能源生產與投資意願。

再生能源科技在台灣

五、風力發電機產生噪音與對鳥類影響

　　許多國家提出，噪音是過去幾年風力發電機發展受限主因。歐洲幾個研究發現，修改葉片後端和葉片尖端設計，能使聲音降低數個分貝。風力發電機對環境影響評估進行調查，大多數人都採正面的看法。

　　風力發電機的噪音來源是由機械和空氣動力所產生的。機械的噪音主要來源是齒輪箱與發電機。空氣動力的噪音是因在葉片上方的空氣流動所產生的噪音。因風力機技術進步、效率提高，源自機械的噪音明顯降低。較為值得注意的設計考量在葉片的空氣動力性質，應盡量避免在特殊流場下產生失速、分離或引發共振等現象（陳信陽，2008）。

　　台灣位於東亞澳洲候鳥遷徙線的中繼站，海岸地區設置風力場對於這些南來北返的水鳥，政府有責任保護，要求所有風力場開發時，都必須進行環境影響評估與監測，才能落實環境影響評估，減少對生態衝擊。為保護台灣特殊的海岸濕地生態，減輕傷害，期望環保署提高目前規範標準，拒絕風力場設置在鳥類重要棲息地，並且要求設置於海岸濕地的風力場，不管裝設幾部風力機，都必要進行環境影響評估的審查，使得海岸風力場對鳥類生態的衝擊降至最低（施月英，2008）。

〈突襲經濟部 苑裡鄉親要求制定風車安全距離〉公民行動影音紀錄資料庫

六、春風風力發電機示範系統概要

　　春風風力發電機示範系統屬正隆公司所有，坐落於新竹縣竹北市鳳山溪出海口。由表 1 為新竹地區年平均風速與風能密度表，

表 1：新竹地區年平均風速與風能密度表

圖號	圖名	限制二可用率	風力機數	10M 平均風速 (m/s)	10M 風能密度 (W/m2)	30M 平均風速 (m/s)	30M 風能密度 (W/m2)	50M 平均風速 (m/s)	50M 風能密度 (W/m2)
9522-I-020	蚵間	6.6	7	6.0	287.3	6.7	388.9	7.1	444.7
9522-I-029	坡子頭	0.8	3	6.6	333.8	7.3	438.8	7.6	494.3
9522-I-030	後湖	9.0	10	5.8	265.8	6.5	357.5	6.8	407.7
9522-I-039	大莊	6.6	7	5.9	264.9	6.7	366.3	7.1	423.7
9522-I-040	新莊子	12.5	10	5.1	208.4	6.0	295.2	6.4	345.5
9522-I-048	羊寮港	9.0	8	5.7	264.3	6.6	375.5	7.0	440.3
9522-I-049	坑子口	11.8	12	5.1	192.1	6.1	291.0	6.5	351.3
9522-I-050	員山	10.1	10	4.5	148.9	5.4	232.4	5.9	284.3
9522-I-057	南寮港	3.2	6	5.9	303.9	6.8	426.7	7.2	497.4
9522-I-058	崁頂	20.8	17	5.1	211.6	6.1	321.2	6.6	388.2
9522-I-059	鳳岡	14.0	16	4.3	119.3	5.4	215.7	6.0	279.0
9522-I-060	山崎	0.0	0	3.8	89.4	4.9	169.7	5.4	223.0
9522-I-067	南寮	20.3	11	5.5	275.6	6.5	395.6	7.0	466.0
9522-I-068	舊港	2.6	2	4.6	171.9	5.7	278.1	6.3	345.1
9522-I-069	溪州	22.5	11	3.7	68.2	5.0	160.5	5.6	224.2
9522-I-070	新社	5.0	0	3.3	48.9	4.5	124.9	5.0	177.7
9522-I-076	港南村新案	3.5	4	6.4	367.2	7.2	496.4	7.5	567.5
9522-I-077	浸水	24.7	22	5.4	266.4	6.4	381.3	6.8	449.2
9522-I-078	南勢	1.5	4	4.5	165.6	5.6	266.9	6.1	330.8
9522-I-079	新竹市	0.0	0	3.6	64.7	4.8	152.2	5.4	212.5
9522-I-080	二十張犁	5.2	4	3.2	46.4	4.3	118.5	4.9	168.6
9522-I-087	三姓橋	4.2	16	5.3	257.1	6.2	367.7	6.7	432.3

資料來源：工研院能資所與中央大學大氣物理所（2009）

再生能源科技在台灣

由表可得知此地區擁有豐沛風力資源，是適合優先開發風力發電機的場址。

（一）春風風力發電機基本架構（Vestas 公司，2002）

春風風力發電機由丹麥 Vestas 公司承製，主要結構由葉片轉子（Rotor）、機艙（Nacelle）、塔架及基礎等四大部分組合而成。

1. 葉片轉子（Rotor）

本系統所使用的葉片轉子，型式採三葉片水平軸高轉速翼型，葉片的迴旋負荷變動小，運轉平穩，與二葉片或單葉片型式相比，除可減低疲勞負荷，亦可增加葉片的壽命。以往的風機設計中曾採用過數種材質，本系統則採用補強玻璃纖維（Fiberglass Reinforced Plastics，FRP），主要特點為質輕、廉價、耐氣候變化與耐疲勞等特色。旋翼控制採用旋角節制方式，因無失速現象，可作為葉片轉子煞車，配合系統輸出控制調節輸出大小、併聯前轉速作調節、降低啟動風速且高風速時旋葉角度較大不切風，因而具備葉片尖端產生噪音較小及減低風力機、塔架、基礎的負荷等優點，有助於延長風機的壽齡，而且可降低製造費用。

2. 機艙（Nacelle）

以下是機艙內部主要的簡要描述。

齒輪箱：目的在於將葉片轉子轉動的動力經行星齒輪或三級螺旋齒輪改變轉速後，傳遞至發電機作功（風能→機械能→電能）。

發電機：本系統採用感應發電機，需要的附屬設備較少、構造堅固、體積較小，故具有價格便宜、保養易、起動簡單等。

齒輪箱與發電機之間藉連軸器耦合，傳輸動力帶動發電機發電，所發出的電力為 690V，再經變壓器升壓後併入系統使用。

變壓器：風力發電機變壓器通常設計於塔架外側，本系統則擺設於機艙內側，採乾式變壓器，將原發電機所發之電力由 690V 升壓至 11.4KV 後，併入電力系統中供製程使用。

轉向系統（Yawing System）：本系統風機採用上風被動轉向來追風轉向，透過風標（Windvane）訊號控制轉向系統迎風轉向；同時設計亦有自動迴轉裝置，即連續轉向超過一定角度（四圈半）時，可自動偵測後利用驅動馬達自動控制逆轉回設定之原點位置，以防止電纜線過度扭轉而損壞。

冷卻油系統：齒輪箱動作時須潤滑油冷卻，而潤滑油冷卻則需要冷卻系統，利用排風扇的轉動將潤滑油冷卻，因此冷卻效果會因環境中的溫度而有所變化。

維修用小吊車：當機倉設備故障時或維修時需較大維修工具，可利用此設備將物品由地面升起到機艙內，或由機艙內將物品吊落至地面。

轉向控制：停車時葉片角度會經此機構將葉片轉向迎風面 90 度，正常運轉時，轉向控制即會轉動葉片迎風轉動，依據風力大小而改變角度。

3. 塔架（Tower）

塔架結構共分三段，各段均係由數種厚度的鐵板滾圓銲接而成，其鋼板材質為 A36 衝擊強度於 0℃ 時可達 27 焦耳，另外厚度由最底層 26mm 至最頂層 12mm 所構成底圓直徑 4 公尺、頂層直徑 2.3 公尺的錐形塔架。

4. 基礎（Foundation）

　　風力機組的基礎功能在於承受機組的重量及防止機組的傾倒，本系統基礎設計採 RC 結構設計施工，設計為長 14.3 公尺×寬 14.3 公尺×深 3 公尺、RC 結構厚 2 公尺的設計，其設計考量主要以風吹襲所產生的傾倒力及力矩為設計的依據。

（二）春風發電機示範系統規格與正隆公司竹北廠用電系統

　　春風發電機採用丹麥 Vestas 公司所製造的風機，風機的葉片單片為 32 公尺，其旋轉鼻輪（Hub）直徑 2.3 公尺經組合後構成一直徑 66 公尺的葉片轉子（Rotor）組，為了避免風力發電機過高而遭受雷擊，每片葉片前端都裝置避雷針。

　　風速高於 14m/sec 以上時，風力發電機的最大輸出電力容量為 1,750KW。圖 1 為春風風力發電機示範系統風速與發電量關係圖。風機葉片於風速 2.5m/sec 以上時葉片開始啟動旋轉，待風速超過 4m/s 時，發電機開始並聯將電力輸出，再經由塔內高壓輸送饋線將電力輸送到變電站。風力發電機的電力輸出依風速大小而定，風力發電機葉片角度隨風速大小而變動風速於 14m/s 以上時，可達最大電力輸出 1,750KW。為考慮風機結構的安全性與延長風機的壽齡，葉片於高風速中運轉時，風速增加後所產生的風切阻力相對增加，對葉片的疲勞負荷也相對增加，進而減少風機的使用壽齡，因此風機皆有關機風速之設計。以春風發電機來說，風速達 25m/s 時，風力發電機即會自動停止運轉，以保護風力發電機運轉安全。

　　塔架的高度愈高與風的能量亦相對增加。在規劃風力發電系統時對於設置的點，同時無相關的高度限制時應採取較高塔架高的設計規劃設置。但因離鄰近的新竹機場約 4.2 公里，有航高的限制，風機可設置之最高僅可達 100 公尺，原可選用 67

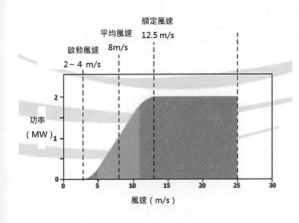

圖1：春風風力發電機
示範系統風速與
發電量關係圖

公尺高塔架，加上葉輪半徑 33 公尺，剛好為 100 公尺高，但為使系統能完全符合規定及考量安全性選用 60 公尺高的塔架設置。

　　風力發電機塔架平均耐風強度為可耐超過 50m/sec 之風速，瞬間陣風可耐超過 70m/sec 以上。若參照蒲福風級表，可得知風力發電機塔架可耐強風已超越強烈颱風，安全等級相當高。

　　圖2為正隆公司竹北廠內用電系統並聯圖，目前廠內用電系統分為兩個迴路，一迴路為台電用電迴路，經外部饋線至廠內變電站，另一迴路為風力發電機用電迴路。全廠的平均用電需量為 12,000 度，設置風力發電機組可降低台電用量。

七、結論

　　國內風力發電發展的優、劣勢與可能型，可見表2的 SWOT 分析。

表 2：國內風力發電發展之 SWOT 分析

優勢（ Strength ）	弱勢（ Weakness ）
1. 國內已有風力機運轉操作經驗。 2. 產業技術非最尖端，但層面廣（氣動、機電、控制、材料），因此國內具相關技術能力，如能透過風力發電產業聯盟之成立，將可作為風力發電機組研發之整合平台。 3. 國內支持新產業之建立發展（促產條例等獎勵政策）。 4. 海島型氣候，臨海豐沛風能與離岸風力發電腹地廣闊。	1. 風力發電產業起步慢，待扶植建立。 2. 國內需求市場尚不足以支持產業發展。 3. 風電產業直接有關之研發能量少。 4. 市場切入時機較晚，整合系統設計技術較弱。 5. 國內零件製造品質跟成本，要能與世界大廠相比較。 6. 國外擁有零組件專利，若沒有利用市場需求策略，國內難脫 OEM 命運。 7. 政府相關的優惠收購電費誘因較小。 8. 夏天缺電但風速小，冬天不缺電但風速大，因此用電量需求與發電量成反比。 9. 國內籌設風電費時，若土地取得手續煩瑣，無單一窗口，將不容易有小型企業投資。 10. 高空維修設備與消防設備不足，無法即時維修與搶救。
機會（ Opportunity ）	威脅（ Threat ）
1. 有明確內需市場因環保議題高升，國際市場熱賣，具產業誘因。 2. 大型設備如葉片塔架等，重件運輸不便，適合當地生產組裝。 3. 因目前使用之風力發電機為國際大廠，所以已有國際大廠，前來洽談製造事宜。 4. 風力機零配件及維修需求興起，國內業者已可有代理經銷商，及零件製造商投入，具發展市場利基。 5. 離岸式風電市場異軍突起，我國為海島型國家具有開發潛力。 6. 亞洲太平洋區市場逐漸成熟，如中國、印度、日本，因此將迫使歐洲風機廠商尋找較競爭性零組件及生產基地。 7. 因應京都議定書的生效，行政院已通過「再生能源發展條例」草案。	1. 國際市場目前大都為大廠寡佔，小廠很難有生存空間。 2. 目前國際技術發展太快，需要大量資金與研發人才，且國內難以投入，更須面對世界大廠的競爭，成本是最大的考量。 3. 產業形成要先有市場，目前風電投資報酬率太低、風險很大。 4. 須擴大掌握市場、持續精進產品技術（若未能自行開拓及研發，則需與大廠緊密合作）。 5. 中國大陸風力機產業已具規模，是國內重要競爭對手。 6. 國際大廠已完成全球性布局，後起之秀除非與其合作，不然難以有生存空間。

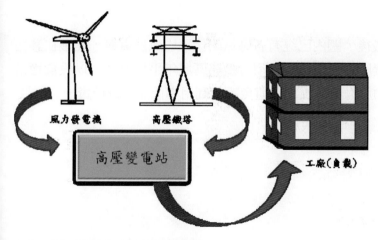

圖 2：正隆公司竹北廠用電系統並聯圖

　　就現況而言，春風風力發電機的故障原因，主要原因為電氣設備損壞，佔故障率 67%，機械故障率佔 31%，天然因素與其他因素佔 2%，整體風力發電機運轉率 79.4%。因故障率偏高、運轉率偏低，使其投資效益不佳。發電機所在廠區年平均風速為 5.57-6.88(m/s)，而風力發電機可達滿載最大發電量的風速為 14(m/s)，發電量最多的季節為每年十月至隔年三月。經統計分析的結果，顯示風力發電機達滿載最大發電量的機率低，因此造成投資過當，同時因為負載變化大，易造成設備的損壞。

　　目前國內電器設備備品的研發技術尚未成熟，風力發電機備品無其他替代品，必須依賴代理商進口，因此造成維修時間的延長，進而降低風力發電機的運轉率。建議政府對此問題，鼓勵民間研發設備備品，將技術根留台灣。此外，台灣屬海島氣候，四季變化明顯，風力發電機的最大發電量在秋、冬兩季，因此，風力發電機的歲修保養，可排定於夏季與春季，可供風力發電機操作運轉廠商參考。

再生能源科技在台灣

最後，國內已經有各區域的年平均風速資料，建議在評估興建置風力發電機時，須考量該區域年平均風速，以設置適當容量的風力發電機，以避免設備利用率低而浪費投資。

公民能不能？能源科技、政策與民主

教學工具箱

引用文獻：

European Wind Energy Association (2009). Wind at Work: Wind Energy and Job Creation in the EU. http://www.ewea.org/fileadmin/ewea_documents/documents/publications/Wind_at_work_FINAL.pdf (Retrieved: June 6, 2014).

Vestas 公司（2002），〈操作與維修手冊〉。

工研院能資所與中央大學大氣物理所（2009），〈全台風平均風速與風能密度分析〉。http://wind.erl.itri.org.tw/demonstration/Documents/TaiwanWindAtlas-3.PDF。

江火明等（2001），〈台灣風能的初步分析〉。2001 風能應用研討會。

朱博祥（2002），〈我國風力發電推動現況及未來做法〉，《能源速報月刊》，第二期。

巫俊達（2007），〈風力機葉片數對輸出功率的影響〉。屏東：國立屏東科技大學機械工程系碩士論文。

施月英（2008），〈海岸風力發電機對鳥類群聚的影響—彰濱工業區崙尾風力場為例〉。靜宜大學生態學研究所碩士論文。

再生能源科技在台灣

孫一菱（2005）〈不同政策工具對再生能源發展潛力之經濟分析〉。國立臺北大學資源管理研究所碩士論文。

郭博堯（2003），〈我國天然環境限制風力發電發展〉，財團法人國家政策研究基金會永續（研）-092-009 號。

莊智媚（2008），〈台灣離岸風力發電機之績效及風險評估〉。宜蘭：佛光大學經濟學系碩士論文。

陳信陽（2008），〈風力發電機運轉條件對噪音影響之研究〉。大同大學機械工程學研究所碩士論文。

彭子珊（2009），〈哥本哈根協議草案〉，大橡股份有限公司新聞稿。http://www.digitimes.com.tw/tw。

黃欣惠（2004），〈能源部門二氧化碳排放線資料庫之建立與以再生能源進行排放減量之潛力分析〉。新竹：國立交通大學環境工程研究所碩士論文。

經濟部能源局（2009），〈經濟部能源局 97 年年報〉。

經濟部能源委員會（2009），〈風能技術〉。http://wind.erl.itri.org.tw/wind.html。

楊明浩（2006），〈台灣地區陸上及離岸式風力發電效益之評估〉。立德管理學院資源環境研究所碩士論文。

網站：

千架海陸風力機風力資訊整合平台：http://www.twtpo.org.tw/。

影片：

〈丹麥的承諾與挑戰〉公視「我們的島」報導：https://www.youtube.com/watch?v=bg3o_HwQc40

〈突襲經濟部 苑裡鄉親要求制定風車安全距離〉公民行動影音紀錄資料庫：https://www.youtube.com/watch?v=cxNwoqFRDO0

討論：

1. 台灣岸上風力發電機與離岸風力發電機何者投資效益大？試分析的主要條件為何？
2. 目前岸上建置風力發電機土地取得常遭居民抗議，那麼發展離岸風力發電機可能會有何困難之處？
3. 台灣風力發電機機倉高度大約都有 60 公尺以上，如遇到緊急事件如火災，各縣市政府該如何因應？

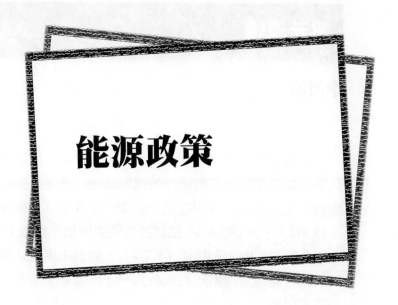

能源政策

單元導讀

李河清

全球暖化、氣候異常的大氣現象不再引起科學爭辯，公共政策的論壇卻激起了對能源議題的關注、爭議與對峙。台灣的能源，不論是煤、氣與石油，98.2% 皆靠進口。高碳能源如煤（33.9%）、油（45.4%）遠高於低碳能源如天然氣（11.6%）、水力發電（0.3%）和核能（8.7%）。能源市場的結構近似寡佔與獨佔，能源管理則球員兼裁判，總圍繞著經濟部、原委會、台電和中油。

弔詭的是，頻繁的選舉非但沒有帶來公共政策的深刻辯論，反而導致政策綁票與政策買票。政客的空頭支票一張張開，選民卻不過問錢從哪裡來。油電價格正是這政經扭曲下的具體實例。計算公式說不清，補貼方式改不得，既得利益動不了。目前的低價不但不能反映燃料成本機動調整，更因長期補貼使用大戶，價格黑洞已陷入動輒得咎的兩難窘境。

2012 年四月政府公布油電雙漲，再加上延宕多年的核四爭議剛以「封存」落幕，能源政策已經到了不得不變的關鍵時刻。再生能源、永續能源、能源民主、能源典範移轉的概念與方案已浮現多時，本單元即帶領讀者走向能源政策的全面書寫，窺探公共參與的成功案例與政策典範的民主實踐。

第一篇由中華經濟研究院梁啟源董事長所撰寫的〈台灣能源政策探討與永續發展〉，內容涵蓋能源政策的多元面向，從

公民能不能？能源科技、政策與民主

油電雙漲和核四電廠切入核心。梁董事長曾擔任政務委員、國安會諮詢委員，目前仍是經濟部顧問，也是中研院環境與能源小組主要成員，多次參與政策建議及能源白皮書的撰寫。其觀點與結論─能源價格合理化、核四安全無虞再運轉、既有電廠不延役、打造綠能環境與確保核能安全─多少反映了所謂「官方」說法。

第二篇，台大政治系林子倫教授則由社區發電、社區風電出發，檢視其運作模式與實踐經驗。從德國、丹麥及美國等案例旁徵博引風能開發配置與公民參與的聯動關係，集中 vs. 分散式發電之評析，以及投資者、決策者與社區居民成功運作模式的要件與經驗。全文表面上談論社區風電與再生能源，實際上所挖掘的卻是全民參與、在地自主和能源民主的可能性，可視為公民審議模式的「能源」詮釋。

趙家緯博士所寫的〈邁向綠色經濟的新能源政策典範〉勾勒了能源政策典範移轉的前景。趙博士長期關心永續、環境課題，目前為綠色公民行動聯盟理事，是台灣環境資訊協會「三十而綠」綠色人物所描述，著力於能源議題的新世代NGO 文膽。從 2006 年溫減法草案、2009 年全國能源會議，一直到 2013 年反核四的「核電解密報告」方案評估章節，趙家緯的論述支撐了能源政策的「民間」觀點。比照第一篇，這篇典範移轉的專文指出：能源需求無限制成長與最低成本能源組合不可能再持續，而新的思維宜建立在能源需求零成長與非核低碳情境。文中反覆說明電價上漲對經濟的「負面」影響與官方 GDP 恐嚇術的不當評估，並為台灣試鋪了一條通往非核低碳的路徑。

三篇所討論的遠景雖有不同，但「能源」始終是公共政策

範疇裡最曲折艱困的一條路徑。到達與否，如何到達，端賴決策者的政治決心、制度設計、配套執行，以及公民社會的在地參與和全面監督。同樣的，美國學者 John W. Kingdon 的多重流向理論也提供了另一種觀察視角，當能源政策的三流向—問題流向（policy stream）、政策建議流向（policy stream）和政治流向（politics stream）—會合的時候，政策機會之窗開啟，新議程設定，政策因應改變。

　　面對未來預期性事件或偶發性災害，仰首期待台灣能源政策機會之窗的開啟。

參考書目：

Kingdon, John W. and James A. Thurber (2002). *Agendas, Alternatives, and Public Policies* (2nd Edition). London: Longman Publishing Group.

台灣能源政策探討與永續發展

梁啟源

台灣能源政策與永續發展是目前國人所關心的重要議題之一。自 2012 年四月政府公布油價及電價調整方案以來，由於民眾質疑政府油價、電價調漲的合理性與必要性，社會輿論反彈聲浪不斷。核四續建與否的爭議，亦是政府另一個懸而未解的問題。因此，本文將從油電價格與核四議題該兩角度切入探討我國的能源政策。

本文的重要結論及建議如下：

1. 能源價格合理化是提高能源效率最重要的政策工具。2012 年四月之後進行的油電價格調整是正確的作法。因今日「凍漲」必然導致未來的大漲，讓油電價隨燃料成本機動調整，並徹底擺脫政治對油電價的干預，是解決價格爭論的最佳方式。

2. 由各種能源指標來看，台灣的能源安全低於國際水準，為了低碳不用煤，為了恐核不用核能，只能依靠供應不穩定的再生能源，及安全存量偏低且價格較為昂貴的天然氣，未來國家能源安全問題令人憂心。

3. 有關核四是否續建的討論，認定核四廠是否安全的唯一途徑是經由測試，特別是燃料裝填前的各種試運轉測試，這些測試乃是在放入燃料棒之前完成。政府宜按計畫邀請包括林宗堯等國內專家及美國、歐盟、OECD 核能管制單位專家做安全測試的檢視，且測試過程及結果需公開透明以昭公信。

4. 福島核災事件後，日本採取立即廢核的影響，以及德國快速

減核的經驗，值得我國借鏡。馬總統於 2011 年 11 月 3 日宣布在不限電、維持合理電價及對國際的減碳承諾的三前提下，以穩健減核即核四安全無虞再運轉，既有電廠不延役、打造綠能環境及確保核能安全三主軸建構的「新」能源政策，應是我國當前因應福島核災，最可行的能源政策。

一、永續發展與能源政策

為減緩地球暖化，追求永續發展，並因應 2004 年《京都議定書》生效之後國際的節能減碳趨勢，政府於 2008 年 6 月 5 日宣布《永續能源政策綱領》，主要在達到提高能源效率、發展潔淨能源及確保能源安全三目標。（圖 1）

其中「國家節能減碳總計畫」所規劃的節能目標及減碳目標分別為：

1. 全國二氧化碳排放量於 2016 年至 2020 年間回到 2008 年排放量（現改為 2020 年回到 2005 年排放水準）；2025 年排放量回到 2000 年；2050 年排放量比 2000 年減半。

2. 未來八年每年能源效率要提高 2% 以上，並於 2015 年要較 2005 年能源密集度下降 20%。

如何達到以上的目標呢？其一，我們的發電須多採用低碳的能源，換言之，在發電系統裡，低碳能源（包括再生能源、天然氣及核能）要從目前的 40% 提高到 55%；其二，必須提升能源效率，由過去每年提高 1% 的實績，提升兩倍至 2%。能源效率的指標

〈永續能源政策綱領〉（pdf 文件）

公民能不能？能源科技、政策與民主

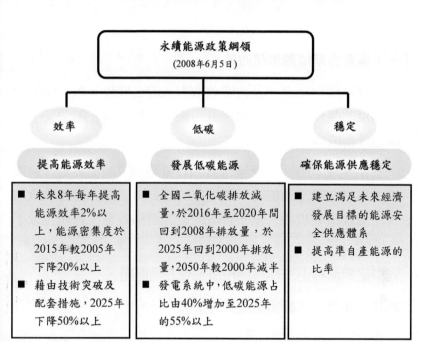

圖1：永續能源政策綱領
資料來源：本研究整理

為能源密集度，也即生產每單位 GDP 須投入的能源數量。能源密集度愈低，能源效率愈高。在確保能源安全方面，能源來源應多元化，安全存量應確保，並提高準自產能源（包括核能等）。

二、提升能源效率之策略

經濟誘因機制及管制作法是當前政府可用以提升能源效率之政策。經濟誘因機制包括：落實合理的能源價格政策、適時推動能源稅、碳權交易。管制作法則包含能源效率管制及管制耗能產業發展等。由於篇幅的限制，本文聚焦在落實合理能源價格的討論上。

（一）落實合理能源價格政策

合理調價原則應考量稅費收取方式的合理性，以及能源價格必須反映生產成本及諸如空氣污染、道路壅塞、能源安全等所謂的外部成本。

在生產成本方面，應讓台灣的油價隨國際油價波動。台灣決策當局常在調漲油價時，因沉重的社會輿論壓力而導致政府進行凍漲政策的現象，但不合理的能源價格政策，會產生以下七大弊病：

1. 國際能源價格上漲非短期現象，係長期問題。

2. 國營中油及台電虧損是全民的損失。

3. 惡化政府財政赤字。

4. 全民補貼能源使用大戶，不符社會公平正義原則。

5. 遠低於國際水準的能源價格，影響整體能源使用率、長期產業競爭力並使得溫室氣體排放惡化。

6. 能源價格該調而未調，反造成物價上漲預期，不利物價穩定。

7. 造成供給短絀。

而在反映外部成本的稅（費）方面，目前政府已有課徵空氣污染防制費及石油基金。其中，空氣污染防制費係專款專用做空污防制之用；石油基金則做為政府安全儲油補貼偏遠地區用油者，以及獎勵國內外油氣探勘等確保能源安全的用途。另外，汽車燃料使用費主要做為道路維修之用，對舒緩道路壅塞有益，但課徵方式是隨車而非隨油，既不利節能也不公平，宜改用隨油課徵。除此之外，反映溫室氣體排放的外部成本的稅（費），則有待落實。

（二）落實合理能源價格政策的效果

2008 年五月政府曾宣佈油電氣價解凍，調漲油價 15%、電價 25%、氣價 30%；再之前調整油電價格為 2007 年上半年採浮動油價機制，並同時調漲電價 5.8%、氣價 15%，該兩段期間皆因政府採較合理的價格政策，台灣 2007 年第一季跟第二季能源生產力（能源密集度的倒數）顯著提升，2008 年下半年增幅更高達 7.2%。（表 1、圖 2）根據梁啟源（2012）研究，油、電價格若提高 1%，中、短期有減少產業油品量及電力需求量各達 0.47%、0.5% 的潛力。

三、油電雙漲與中油、台電的經營績效

政府在落實合理能源價格政策的過程中，常需要面對社會輿論的巨大壓力，以 2012 年所謂的「油電雙漲」措施為例，社會大眾的撻伐聲浪主要聚焦在中油、台電的經營管理與績效。但是，效率是比較的，國營的中油及台電公司，經營績效確有改善空間；但持平而論，台灣 98% 以上能源倚賴進口，而我國油、電價格長久以來卻是世界最低的國家之一，近年尤甚，因此，若直指中油及台電的虧損全來自經營績效不彰，並非公平。（表 2）

根據國際能源總署（International Energy Agency；IEA）與台電的財務資料分析，我國 1999 年住宅電價，在世界三十一個國家中排序第七低，當時台電盈餘新台幣 427 億元；2009 年在三十個國家中，台灣排序第四低，台電虧損 13.7 億；2010 年我國則排序第二低，台電虧損已達 181 億。（圖 3、4）

若進一步比較台電的歷年盈餘與燃料成本（圖 5），可清

能源政策

表 1：台灣 2007-2011 年能源生產力變動分析

年度	能源生產力（元／公升）GDP/ 能源使用量	變動幅度（%）（與去年同期比較）
2007	106.8	0.5
I	111.9	1.7
II	103.64	2.5
III	102.3	-1
IV	110.04	-0.4
2008	109.78	2.8
I	109.15	-2.4
II	103.50	-0.002
III	108.53	6.08
IV	119.51	8.6
2009	113.53	-
2010	119.02	4.45
2011	124.58	2.99

資料來源：「能源統計月報」，經濟部能源局

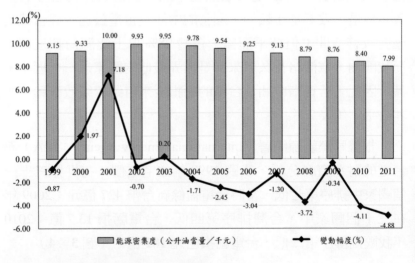

圖 2：台灣 1999-2011 年能源密集度變動
資料來源：經濟部能源局，本研究整理

公民能不能？能源科技、政策與民主

表 2：各國綜合電業電力公司重要經營績效比較

經營效率指標 電力公司	線路損失率 (%)	每戶停電時間（分 / 戶·年）	每員工售電量（萬度）	火力廠熱效率 (%)	CO$_2$ 排放強度（公斤 / 度）	資產報酬率 (%)	信用評等
法國電力 (EDF)	7.2(n) (2010)	95.1(n) (2010)	552 (2011)	42.2(n) (2004)	0.03 (2011)	1.00 (2011)	Aa3 (2011)
韓電 (KEPCO)	3.99 (2010)	15.15 (2010)	1,285 (2010)	38.9 (2010)	0.463 (2010)	-0.24 (2010)	A1 (2010)
日本東京電力 (TEPCO)	4.2 (2010)	152 (2010)	758.7 (2010)	41.73 (2010)	0.293 (2010)	-0.01 (2011)	Baa1 (2010)
美國南方電力 (SC)	6.1(n) (2010)	12.2 (2010)	721 (2011)	34.1(n) (2007)	0.672 (2010)	5.6 (2011)	A3 (2009)
南非電力 (ESKOM)	9.83 (2010)	45.75 小時 (2011)	519 (2011)	31.4 (2011)	0.925 (2010)	5.10 (2011)	Baa2 (2011)
義大利電力 (ENEL)	6.2(n) (2010)	44 (2011)	303 (2010)	44.8(n) (2010)	0.411 (2011)	2.69 (2011)	A2 (2010)
魁北克電力 (Hydro-Québec)	10.5(n) (2010)	178 (2011)	1,013 (2011)	32.2(n) (2009)	0.002 (2011)	— 	Aa2 (2011)
日本關西電力 (KANSAI)	5.2 (2010)	5 (2010)	713 (2011)	41.1 (2010)	0.414 (2011)	-0.76 (2011)	A1 (2011)
日本中部電力 (CHUBU)	4.6 (2010)	4 (2008)	830 (2010)	40.46 (2010)	0.469 (2011)	3.3 (2010)	A1 (2011)
德國萊茵集團 (RWE)	5.0(n) (2010)	20.4 (2009)	328 (2011)	42.4(n) (2011)	0.719 (2011)	— 	A3 (2011)
台電 (TPC)	4.76 (2011)☺	18.224 (2011)☺	879 (2011)☺	42.51 (2011)☺	0.516 (2011)☻	-2.13 (2011)☻	A+ (2011)☺

資料來源：台灣電力公司 / 與國際主要電業之比較（http://www.taipower.com.tw/content/new_info/new_info-a58.aspx?LinkID=5）

註 1. 台電公司在全球綜合電業之裝置容量規模排名第 17 名，本表係與規模較台電大（RWE 除外）且資料較齊全之 10 家作比較。

註 2. n 代表全國資料；( ) 內數字表示資料年份。

註 3. Moody's 信用評等等級：Aaa、Aa1、Aa2、Aa3、A1、A2、A3、Baa1 等。S&P 信用評等等級：AAA、AA ＋、AA、AA-、A ＋、A、A- 等。

註 4. ☺ 表示台電公司績效表現排名前半部，☻ 表示台電公司績效表現排名後半部。

註 5.「魁北克電力公司」之發電結構中，水力發電佔 95%，火力發電佔 3%，核能發電佔 2%。「法國電力公司」之發電結構中，核能發電佔 82%，水力發電佔 13%，火力發電佔 5%。

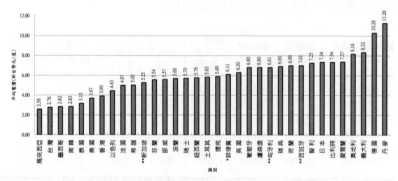

圖 3：各國 2010 年（住宅用電）電價比較（34 國）

資料來源：國際能源總署（International Energy Agency）《ELECTRICITY
INFORMATION（2011 Edition）》及馬來西亞 Tenaga Nasional
Berhad 電力公司 2011 年統計資料

註 1. 台幣對美元換算匯率為 1 美元＝ 31.642 台幣（2010 年平均匯率）。
註 2. " ＊ " 註記者為 2008 年資料，" ＊＊ " 註記者為 2009 年資料。

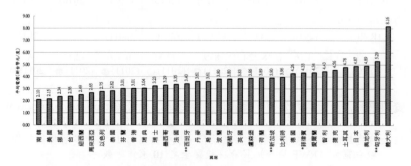

圖 4：各國 2010 年（工業用電）電價比較（34 國）

資料來源：國際能源總署（International Energy Agency）《ELECTRICITY
INFORMATION（2011 Edition）》；及馬來西亞 Tenaga Nasional
Berhad 電力公司 2011 年統計資料

註 1. 台幣對美元換算匯率為 1 美元＝ 31.642 台幣（2010 年平均匯率）。
註 2. " ＊ " 註記者為 2008 年資料，" ＊＊ " 註記者為 2009 年資料。

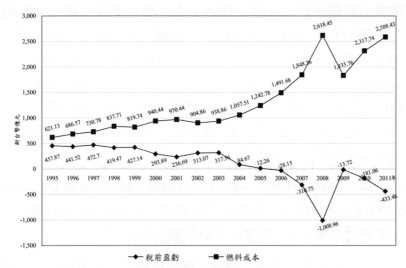

圖 5：台電 1995 ～ 2011 年稅前盈虧與燃料成本比較
資料來源：台電公司

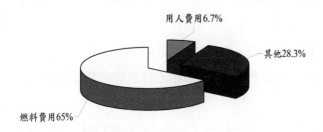

圖 6：台電公司 2011 年總成本分配比例
資料來源：本研究整理

楚看出電價不能反映燃料成本上漲，應是造成台電公司虧損的主要因素。2009 年台電虧損新台幣 13.72 億元，2010 年及 2011 年國際燃料價格上漲，加上基載機組發電量無法增加，需以高成本的燃油、燃氣發電供應，台電公司虧損因此擴大為 181 億元及 433 億元，六年累積虧損達 1,179 億元。電價若不再做調整，台電虧損將達 1,176 億元，累積虧損為 2,355 億元，達台電資本額（3,300 億元）七成。

再就財務結構而言，2003 年台電資產總額 1.6 兆元，負債 5,000 億元，2010 年因虧損加上投資需求，負債已達 1.07 兆元，台電若再繼續補貼，將使政府財政嚴重惡化。

中油公司的經營績效情況，則可從與台灣環境相似、交通及空氣汙染問題接近，同時也是我國重要貿易競爭對手國的日本、韓國及新加坡的（稅後）油價比較來做分析。因考量各國稅負不同對價格的影響，故以各油品稅前價格做比較，可由表 3 觀察到台灣汽油及柴油每公升（稅前）價格比日韓星三國平均低了新台幣 3 元及新台幣 4.5 元，燃料油每公秉更低達新台幣 716 元。

但為何中油公司虧損，台塑石化股份有限公司（以下簡稱：台塑化）仍有盈餘？兩家企業營運情況的主要差異比較簡述如下：

1. 中油油品以內銷為主（約七成）、外銷為輔（約三成），台塑化以外銷為主（約七成）、內銷為輔（約三成）。內銷部份中油及台塑化皆虧損，但台塑化以外銷盈餘沖銷內銷虧損而有餘。

2. 中油除油品外尚經營天然氣，天然氣雖有浮動計價公式，但也因「緩漲」而虧損，台塑化則無。

表3：台灣與鄰國之油價（稅前價）比較與分析

油品 （單位）	2007.10 月均價（基期）			2008. 5 月均價			2013. 7 月均價		
	無鉛汽油 RON92 新台幣 元 / 公升	柴油 新台幣 元 / 公升	燃料油 新台幣 元 / 公秉	無鉛汽油 RON92 新台幣 元 / 公升	柴油 新台幣 元 / 公升	燃料油 新台幣 元 / 公秉	無鉛汽油 RON92 新台幣 元 / 公升	柴油 新台幣 元 / 公升	燃料油 新台幣 元 / 公秉
台灣	20.3	20.8	13708.2	23.4	24.1	14208.2	22.2	25.1	20511.0
日本	23.9	24.1	16890.0	29.1	29.8	23762.0	25.3	26.7	21814.0
韓國	23.9	25.9	16422.0	29.0	34.0	21602.0	25.1	26.4	20639.0
新加坡	29.6	29.8	-	36.1	39.2	-	-	35.8	-
日韓星 平均價格	25.8	26.6	16656.0	31.4	34.3	22682.0	25.2	29.6	21226.5
台灣與 三國價差	-5.5	-5.8	-2947.8	-8.0	-10.2	-8473.8	-3.0	-4.5	-715.5

資料來源：經濟部能源局

3. 中油因油品結構中，低價值燃料油佔比高於台塑化，高價值的汽、柴油佔比則低於台塑化，其銷售毛利率低於台塑化。

4. 油氣價補貼外，中油有政策性負擔，中油公司 2011 年油價補貼 447 億元、氣價補貼 283 億元、離島補助 20 億元，政策性負擔共計 750 億元。

5. 中油煉製設備沒有台塑化先進，煉製的原油品質及對應成本均高於台塑化。

6. 中油用人費用雖僅佔總收入 2.2%，但因包含加油站員工而台塑化則無，故用人費用佔比較高，且中油用人費用呈逐年遞減趨勢。（圖 7、圖 8）。

能源政策

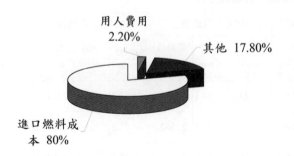

其他 17.80%

用人費用
2.20%

進口燃料成
本 80%

圖7：中油公司2011年總成本
資料來源：本研究整理

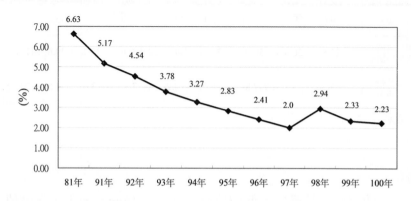

圖8：中油公司用人費率
資料來源：本研究整理

四、福島核災後國際核能政策發展趨勢

　　從日本福島核災發生至 2013 年三月間，在已擁有核電廠的三十一個國家中，政策轉向，放棄核電的國家僅有德國、瑞士及比利時三國，核電政策方向不明或保留彈性則有日本、台灣等二國。但仍有高達二十六國政策不變（表4）。值得注意的是，曾經發生核災的美國（三哩島事故）及俄國（車諾比事件）仍持續發展核能，最接近日本且為我國主要貿易競爭對手

表 4：各國因應日本福島事件後之核能發展政策

	核能發展政策	國家
擁有核能電廠國家之核能發展政策	政策不變，持續發展核能	阿根廷、保加利亞、巴西、中國大陸、芬蘭、法國、美國、英國、印度、伊朗、韓國、巴基斯坦、斯洛伐克、俄羅斯、烏克蘭、亞美尼亞、加拿大、捷克、匈牙利、墨西哥、荷蘭、羅馬尼亞、瑞典、西班牙、斯洛維尼亞、南非（共26國）
	保留彈性或核電政策方向不明	日本、台灣
	政策轉向，明訂廢核時程	德國、瑞士、比利時
計畫興建首座核能電廠國家之核能政策	政策不變，依計畫興建首座核能電廠	孟加拉、白俄羅斯、智利、埃及、以色列、約旦、哈薩克斯坦、北韓、立陶宛、馬來西亞、波蘭、沙烏地阿拉伯、越南、阿拉伯聯合大公國、土耳其（共15國）
	政策不變，但興建首座核能電廠計畫延後	印尼、泰國
	政策轉向，放棄興建首座核電廠計畫	義大利

資料來源：經濟部／確保核安穩健減核（http://anuclear-safety.twenergy.org.tw/Faq/index_more?id=80）；本研究整理

國的韓國，在福島核災後仍持續發展核能的政策不變。目前韓國核能佔發電比重約 36%，大於台灣的 18%。這是韓國可以在近年世界油、煤、氣等能源大幅上漲時，工業用電價格仍可維持世界最低者的重要原因之一。2030 年韓國核電比重將達59%，屆時，台灣核電比重將為 5%，若核四不運轉則為零。

（一）日本零核政策之衝擊

福島核災迄今，日本五十座核能機組四十八座仍停用。因

零核產生的影響如下：（1）電力公司財務惡化，淨資產將損失75% 約 4.4 兆日圓；（2）電力公司進口燃料成本上升，2011年增 3.1 兆日圓，由於電價上漲影響出口加上進口燃料佔比增加，貿易收支由順差轉為逆差，且逆差仍不斷擴大，2011 年貿易逆差 2.6 兆日圓，2012 年貿易逆差 6.9 兆日圓，2013 年一至五月由於日圓貶值逆差更擴大到 4.66 兆日圓；（3）電價上漲，2012 年東京電力調價家庭用電 8.5%，產業用電 14.9% ～ 16.7%，2013 年各電力公司（如關西、東北、四國等）大幅調漲電價，家庭用電調 10% ～ 12%，產業用電 17.5% ～ 19%；（4）根據經濟產業省 2011 年五月調查，約有 69% 的企業表示可能加速外移；（5）CO_2 減排目標削減 5%，達成目標的期程則延後了二十年。

由於立即廢核衝擊太大，大選後自由民主黨取得政權，該黨傾向保持核電，安倍上任後於 2013 年 6 月 19 日頒布核能「新安全管制基準」，7 月 8 日生效後，即受理四家電力公司十部機組提出機組再啟動申請。十年內將確立電源最佳組合。

（二）德國快速減核的影響

德國是在 2000 年對終止核電朝野達成協議，但仍預計到 2022 年才完全非核，花費二十二年時間來做這件事情。觀察德國以再生能源替代核電的過程中，再生能源佔比提高，由 2000 年的 4%，提高為 2012 年的 22%，但補貼再生能源總成本高達 1 兆歐元，結果是電價大幅上漲民怨四起，2000 ～ 2013 年，上漲超過一倍，其中再生能源稅的影響超過三分之一；2007 ～ 2013 年上漲 37%，再生能源稅的影響超過一半以上。德國目前電價（住宅用）每度達 28.34 歐分（相當於新台幣 11 元）。是世界電價最高的國家之一。尤有甚者，因輸配電設施無法配

合供電不穩定的再生能源發展，2011 年德國各地停電超過三分鐘合計數達二十萬次 [1]。試問台灣的產業及民眾，如何面對如此不穩定的供電品質？特別是德國電網可與歐洲其他國家聯結，缺電可以進口，台灣為孤島，缺電如何外求？2011 年宣布減核之後，德國煤炭用量且已增加 4.9%，未來將加蓋新燃煤電廠，溫室氣體減量趨勢可能反轉。

五、台灣能源供給結構及發展低碳能源之困境

（一）台灣能源供給結構的特性

台灣的能源進口依存度及能源集中度偏高，和世界十個主要國家相比（圖 9），台灣 2009 年的能源進口依存度為

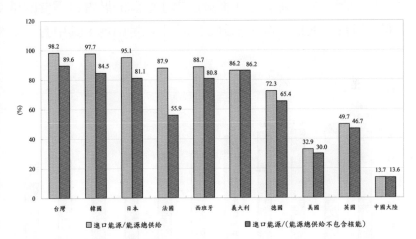

圖 9：各國 2009 年進口能源依存度
資料來源：International Energy Agency〈各國能源統計資料〉；本研究整理

----

1 Nature, "*Renewable power: Germany's energy gamble*", volume 496, pp156-158, 11 April 2013

能
源
政
策

98.2%，高居第一位，能源集中度則為 63.4%（圖 10）。

　　除此之外，台灣能源供給的另一個特色為「高碳能源」比重高於「低碳能源」，根據經濟部能源局的資料顯示，2011 年台灣能源供給結構的情況為屬於高碳能源的煤及原油所佔比重最大，分別佔 33.9% 及 45.4%；低碳能源所佔比例較低，其中核能發電及天然氣分別佔 8.7% 及 11.6%，水力發電低於 0.3%。（圖 11）

　　由 1982 年到 2011 年的歷史資料來看，石油居能源供給大宗，煤為其次，兩者合計由 1982 年的 82.5% 微降至 2011 年的79.3%；低碳能源（天然氣、核電、水力）的比重則由 17.46%微幅升至 20.52%。

（二）台灣發展再生能源之受限條件

　　1. 台灣水力資源有限，而發展再生能源的裝置最需要的是空間，但台灣地狹人稠，三分之二的土地是山地，其中有一半

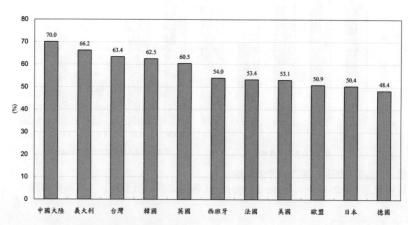

圖 10：各國 2009 年能源供給集中度
資料來源：International Energy Agency〈各國能源統計資料〉；本研究整理

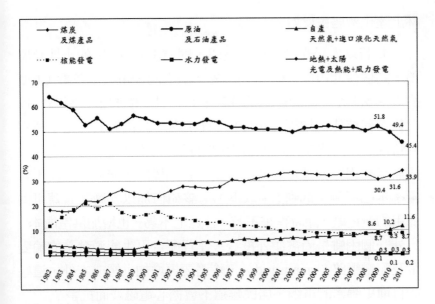

圖 11：台灣 1982-2011 年能源供給結構
資料來源：「能源指標季報」，經濟部能源局

是一千多公尺的高山。以發展風力發電而言，風場較佳的兩百公里西海岸線目前雖已裝設 314 座風力發電機，但卻仍僅佔總裝置容量的 1%，總發電量的 0.5%。在夏天用電高峰時，還須面對風小無法供電的挑戰。

2. 即令台灣順利達到再生能源發展條例所訂的增設目標，2030 年增設到目前裝置容量 369.7 萬千瓦的 3.4 倍，達到 1,250 萬千瓦的電力總裝置容量，也僅能達到 16% 的總裝置容量及約 8% 的總供電量。

3. 若以風機來替代核四（270 萬千瓦，年發 200 億度電），需建風機（2MW/1 座）達 4,000 座，這些風機又要到哪裡蓋呢？目前風機附近（如苑裡）已有居民抗爭，甚至連澎湖海纜在雲

林上陸也遭居民反對。

4. 若以太陽光電來替代核四，則需 1.5 萬公頃的土地及屋頂，約佔台北市面積的 60%。先不論太陽光電成本較貴（1 度約 6 ～ 9.4 元，高於燃氣的 4.7 元），對電價的影響將高於以燃氣替代核能的增幅（10%），達 18%，且由於其供電不穩定的特性，太陽光電無法做為備用容量。為維持系統的穩定，我國需建有相等發電量的備用容量。若無核四，未來十年備用容量率本已不夠（低到 5% 以下），該如何加以支應？若蓋可供備用的新電廠，除時程來不及，且覓地不易，也增加供電成本。另外一個困難是尚需額外投資，建置配合再生能源發電的輸變電及配電網路（smart grid），除還要再增加供電成本外，這些比目前更綿密的電網，居民難道不會擔心電磁波而抗爭？

（三）台灣發展天然氣發電的限制

台灣若改以天然氣發電，在天然氣的使用發展上仍有諸多限制條件。以 2030 年天然氣倍增的計畫為例，未來將仍需大量投資液化天然氣接收站、管線及儲存槽，方能達此目標，但以上的建設，不論是土地取得、環境影響評估與可能的民眾抗爭，都是不易解決的問題。除此之外，燃氣電廠受限於天然氣儲存成本高且安全儲存量偏低（夏季約七天），一旦颱風肆虐超過一週，將造成液化天然氣運輸船無法靠岸，此時約佔發電量四分之一到三分之一的燃氣電廠將停擺，此一影響對國家能源安全是一大威脅。

近年來，由於頁岩氣探勘及技術的發展，頁岩氣革命使美國的天然氣價格下降到十年的低點，因此，頁岩氣革命對美國能源供需的確有重大影響，但對台灣影響較小。以燃氣電廠而言，美國使用的管線天然氣每百萬英熱單位為 4 美元左右，我

國使用進口的液化天然氣，主要來自卡達、印尼及馬來西亞，目前進口液化天然氣每百萬英熱單位為 15 美元。台灣燃氣電廠的燃料成本約為美國的四倍。

　　未來，預測美國頁岩氣合理價格為每百萬英熱單位 4 ～ 8 美元，即令台灣可從美國進口頁岩氣，除管線天然氣成本外，需加上液化及海運等成本（每百萬英熱單位約增 8 美元），每百萬英熱單位成本仍高達 12 ～ 17 美元，是美國管線天然氣的二至三倍，是故，燃氣發電仍屬成本較高的選擇。

（四）核能是過渡時期的乾淨能源重要選項

　　再生能源雖屬低碳能源，但供電不穩定，在電力供應體系中無法完全替代核能。又燃氣電廠，因燃料成本相對高昂，通常是供應尖超載及中載之需；核能及燃煤電廠則做為供應基載電力。因此，在供應基載的電廠，實際是高碳的燃煤電廠與核電廠的取捨問題。但燃煤電廠因污染及溫室氣體排放量大，社會外部成本高，很難通過環評，並被周遭居民所接受。

　　根據 2005 年歐盟所做評估的結果顯示（Extern E，2005），各種發電方式中，各國大抵以燃煤發電外部社會成本最高、油次之，天然氣再次之，核能及再生能源則相對較低。各國每發一度電的各類發電外部社會成本如下：以煤為 100，依序排列生質能為 46.8，天然氣為 30.9，核能為 8.5，水力為 5.1，太陽光電為 4.2，風力為 2.3，上述外部社會成本的估算係採生命週期評估法，範圍包括空氣汙染、水汙染、土壤汙染及噪音污染，氣候暖化成本、意外成本（包括職災、公共風險（如核災）、建築物傷害、廢棄物成本（如核廢）等，以目前匯率計算，核能的外部成本約每度 0.19 元新台幣。因此在新能源技術有大突破之前，核能是過渡時期的乾淨能源重要選項之一。

（五）台灣若停建核四之影響

1. 核四投資損失

　　一旦政府宣布停建核四廠，已投資之新台幣 2,838 億元的損失將由政府承擔，換言之，台灣每一家庭平均需負擔近新台幣 5 萬元。

2. 電價上漲

　　以燃氣取代核四，發電成本增新台幣 534 億，電價若調漲 10%，經濟成長將降 0.13%，消費者物價漲 0.34%。若加計以燃氣取代核一、二、三廠，電價將須調漲 40% 以上。若以再生能源替代核四，則因成本更高導致電價漲幅更高，以太陽光電替代核四為例，單就發電成本增加的部分，電價將需調漲 18%。

3. 缺電風險

　　以 2013 ～ 2025 年平均經濟成長 3.37%，電力需求年成長 2.2%（彈性值 0.65%）推估，2018 年備用容量率將降至 5.8%，這將很有可能發生民國八〇年代的停限電夢魘（註：台灣七十九至八十五年停限電 43 次，八十三年停限電 16 次）。

　　主張核四停建未來不缺電的立論，是假設未來電力需求不再成長，但事實不然。因為經濟要成長，一定要用電，尤其人民生活水準越高，電器用品越多，用電就越多。以「經濟合作發展組織」（OECD）國家為例，1990 ～ 2010 年間，用電年平均長率為 1.8%。日本過去二十年被稱為「失落的二十年」，節能減碳也很成功，但用電仍然以每年 1.3% 的幅度成長。開發中國家，則因經濟成長較大，電力零成長更難，以台灣為例，1990 ～ 2000 年平均用電成長率為 6.72%，2000 ～ 2010 年為

3.1%。台灣 2000 ～ 2010 年比較 1990 ～ 2000 年用電成長大幅下跌，主要因科技泡沫、金融大海嘯及歐債危機等影響，經濟成長由 6.23% 跌為 3.86%，及用電效率在 2008 ～ 2010 年平均提高 1.8% 之故。這也是為何 2000 ～ 2010 年間，核四遲遲尚未完工，但電力供應卻尚有餘裕的原因。

4. 大台北地區缺電將尤其嚴重

若核四不運轉，淡水河以東的大台北地區在 2022 年將無電廠，且供電缺口將在 2022 年達 271 萬千瓦、2023 年達 381 萬千瓦，已超過中北輸電幹線之可靠送電能力（200 ～ 300 萬千瓦）。且若只要有一個超高壓鐵塔倒塌，大台北地區將面臨大規模停電的影響，如：捷運停擺，高樓電梯關人且會缺水、不能上網，電話不通，產品良率下跌，產業外移，失業率上昇等，這些真的會發生。

5. 國際減碳承諾跳票

我國已向國際承諾，2020 年二氧化碳排放量回到 2005 年的排放水準。台灣目前 CO_2 排放量約 2.57 億公噸；四座核電廠可減 4,700 萬公噸 CO_2（占 18%），其中核四可減 1,600 萬公噸（占 6.4%）。

6. 對金融市場之可能影響

2000 年九月行政院宣布停建核四，當時股市連跌三個月，跌幅近 30%。

六、台灣「新」能源政策與核能安全問題

（一）「新」能源政策

因應福島核災，政府在 2011 年 11 月 3 日宣佈新能源政策，以「穩健減核」走向「非核家園」為目標（表 5）。該政策主要汲取日本及德國經驗避免採取「立即廢核」或「快速減核」所造成的電價上漲、缺電和溫室氣體減量目標落空。

〈新能源政策〉

（二）核四安全問題

既有核電廠與核四廠的安全能否確保，是實施上述「新」能源政策成敗的關鍵。茲整理外界常質疑的核能安全問題共十個，並說明如次：

質疑 1：核四廠與首都距離之近，世界獨一無二，萬一發生核災，台灣無法承受。

說明：

1. 核四廠位於新北市貢寮區，距台北市郊約 27 公里，離台北火車站 41 公里。

2. 美國 Indian Point 核電廠距離紐約市（紐約市人口 839 萬人）約 38.4 公里（24 英哩），離紐約市中心 64.36 公里（40 英哩）。

3. 賓州 Lancaster（50 萬人）距離三浬島核廠約 37 公里。

4. 大陸大亞灣核電廠位於深圳龍崗區（人口 200 萬），離香港市中心尖沙嘴 52 公里（香港人口 707 萬人）。

5. 法國核電廠邊緣距離 40 公里以下且人口數超過百萬有三座

表 5：「新」能源政策內容整理

穩健減核	1. 核四安全無虞方運轉 2. 核一（2018-19）、核二（2021-23）、核三（2024-2025）不延役 3. 核四若穩定運轉（2016年），核一廠提前除役
替代電源	1. 再生能源增加達 3.4 倍、2030 年達 1,250 萬瓩，佔總裝置容量 16%、發電量 8% 2. 天然氣由目前的 1,200 萬噸 2030 年增為 2,000 萬噸 3. 開放民營電廠
提高能源效率	1. 能源價格合理化 2. 能源稅 3. 溫室氣體減量法 4. 能源效率管制
核能安全	1. 核四安全由測試及試運轉來確認，並由國內外專家參與原能會的安全確認工作 2. 訂定核廠最終處置的標準處理程序
保持彈性	1. 在不缺電、合理電價、維持減碳的國際承諾三前提下減核 2. 每年進行檢討，四年做減核時程的評估

資料來源：行政院／新能源政策（http://www.ey.gov.tw/policy4/
cp.aspx?n=E4707ED5C6C73F4B）；本研究整理

核電廠，而電廠邊緣距人口數低於百萬的都市則有十四座核電廠。

（參考資料：U.S. NRC (http://www.nrc.gov/)；香港核電投資有限公司／關於大亞灣 (https://www.hknuclear.com/dayabay/location/pages/locationsiteselection.aspx)；Nuclear Power in France, WNA(http://www.world-nuclear.org/info/Country-Profiles/Countries-A-F/France/)；距離量測：Google Map；人口數：Wikipedia。）

能源政策

質疑 2：台電逕自變更核四廠設計多達 1,536 項，未獲原設計廠商 GE 認可。

說明：

　　台電因核四 2000 年政府宣布停建之後再行復建，而與 GE 產生履約爭議談判多年。在談判訴訟期間台電持續施工，並為解決實際施工時所遭遇問題而進行的工程變更，因訴訟關係未能獲得 GE 確認。然而，三年前此訴訟案已獲和解。目前該 1,536 項設計變更均已獲 GE 認可，並已完成改正。（參考資料：台電公司提供。）

質疑 3：核四廠採用的電腦數位儀控系統過於複雜，異於同類型機組（如日本柏崎電廠），且系統由三家不同廠商提供，可能產生界面整合的問題。

說明：

　　數位儀控系統問題確實是核四廠能否安全運轉的重要變數。數位儀控系統完成施工後，已於 2012 年四至八月間成功完成反應器安全功能邏輯整合測試。台電目前正在請國際專業顧問公司（MPR）進行獨立第三者驗證確認。（參考資料：台電公司提供。）

質疑 4：核四已成為一所舉世罕見、連專業核工專家都擔心不已的拼裝核電廠！

說明：

　　核四廠主要分核島區（核反應器）與常規島區（汽輪發電機）兩個區塊，核島區全數由奇異公司總負責，常規島區原由石威公司負責，民國 96 年七月與石威公司解約後，即由益鼎公司承接，民國 98 年十一月由益鼎公司引進美國 URS 公司參

與協助。有關核島區與常規島區間的介面整合則由台電、奇異與 URS 公司聯合負責，因此核四廠整體規劃是具有嚴密的整合性，核四廠並不是拼裝車。日本柏崎刈羽電廠的第 6、第 7 號機也是 ABWR（進步型沸水式反應爐），其主要設備也是由日立、東芝及奇異公司提供，與核四廠的興建情形相近，所以像這樣由不同廠商提供不同設備就說是拼裝車，並不恰當。（參考資料：台電公司提供；東京電力 http://www.tepco.co.jp/index-j.html。）

質疑 5：核四工程狀況不斷，原能會對核四安全沒有信心？

說明：

根據原能會蔡春鴻主委指出，各位在媒體上所看到核四在施工階段的缺失，除少數是偶發的事件（像淹水等），其他全都是來自於原能會公布的資料。原能會的職責是要監督到這些缺失改善完成為止。譬如說違規案件，總共 49 件，已經有 36 件結案；注意改進事項，一共 536 件，已經結案的有 442 件，沒有結案的部份，大部分的改善工程都已經完成，但是台電還是需要整理過程中的文件，並完成報告，經過原能會審查後才能結案。（參考資料：行政院原子能委員會。）

質疑 6：核四廠位於斷層帶上？

說明：

核四廠址在民國八十七年開挖前，從民國五十四年起至八十一年間歷經國際原子能總署及美國貝泰工程顧問公司等不同機構的七次地質調查結果，均確認核四廠址附近屬緻密堅硬之岩盤，適合做為廠址用地。民國九十至九十三年間，再經國內專家群（中央大學地球科學院蔡義本院長、國家地震研究中

心）確認電廠所採用之耐震設計值已有足夠安全餘裕。根據中央地質調查所公布的台灣斷層分布圖，核四廠陸域三十五公里半徑範圍內並無活動斷層。

至於破碎帶考量，核四廠當年在一、二號機汽機廠房基礎開挖過程中，曾發現破碎帶，經原設計公司評估分析結果，該岩盤破碎情形並不會影響廠房基礎之安全，並基於考量廠房基礎施作之安全性，已將基礎岩盤面上之破碎岩塊予以清除乾淨，並以混凝土回填。至於反應器廠房基礎在開挖過程中，則並未出現破碎帶地質。（參考資料：台電公司提供。）

質疑 7：核四廠安全無虞才運轉，然「安全無虞」難以認定。

說明：

認定核四廠是否安全的唯一途徑是經由測試，特別是燃料裝填前的各種試運轉測試，這些測試乃是在放入燃料棒之前完成。政府已按計畫邀請包括林宗堯等國內專家及美國、歐盟、OECD 核能管制單位專家做安全測試的檢視。測試過程及結果需公開透明以昭公信。（參考資料：經濟部 / 焦點消息 / 即時新聞「核四一定會在安全無虞下才會商業運轉」。）

質疑 8：核四廠到底能不能完工運轉？

說明：

核四廠工程一號機已完成 95%，二號機 91%。近年來已陸續完成以下多項燃料裝填前必須完成的重要測試：

1. 反應器壓力槽水壓測試（97 年十一月完成）。

2. 緊急爐心冷卻系統注水測試（99 年四月完成）。

3. 反應器內部組件振動測試（99 年九月完成）。

4. 主冷凝器擴大抽真空（2012 年六月完成）。

5. 爐水流失事故與洩漏偵測邏輯聯合測試（2012 年七月完成）。

6. 全爐心急停測試（2012 年八月完成）。

7. 反應爐壓力槽洩漏測試（2013 年二月完成）。

8. 發電機氫氣填充及洩放測試（2013 年三月完工）。

9. 目前正準備的重大測試是廠房結構完整性洩漏測試、廠房負
   壓測試等。

（參考資料：台電公司龍門核能發電廠提供。）

質疑 9：大地震或海嘯等天災難防，難以確保台灣不會發生如日本福島的核災。

說明：

　　根據日本國會的調查日本福島核災發生的原因雖是天災也是人禍。當發生核子反應爐冷卻水水位下降，爐心因失水溫度升高有熔解之虞時，未能及時採取斷然措施，以犧牲核電廠為代價，注入海水加以冷卻。換言之，即令發生天災，福島型的核災是可以避免的。汲取福島經驗，我國已建立斷然處置措施及標準處置程序（SOP）。根據此一措施及 SOP，核電廠值班經理需先通知台電核能副總經理下指令，若十五分鐘內沒辦法聯絡上副總經理，則需依 SOP 逕行注入海水來避免爐心熔毀及核輻射擴散。既無核能輻射逸散也就不會發生福島型的核災。（參考資料：台電公司提供。）

質疑 10：核廢料問題不解決，核電即不該發展。

說明：

高階核廢料處理方式包括短期、中期及長期三項。短期大多存放於用過核燃料池水池中，中期則採乾式貯存，可維持五十年左右。長期指最終處置方法，其方法有二：一為經過再處理之後，找地質穩定處貯存，加以掩埋。另一則為不經再處理直接採地底下深層封存（如芬蘭及瑞典）。採取再處理為取出可用核燃料，再將剩下的核廢料經玻璃化封存，玻璃化封存優點是體積大幅縮小、穩定且無輻射外洩問題。採取再處理者包括法國及部分的日本核電廠。我國核　廠已進行中期的核廢料的乾式貯存。長期的核廢處理方面仍規劃中，境內外處理都不排除。（參考資料：台電公司提供。）

六、結論與建議

1. 由各種能源指標來看，台灣的能源安全低於國際水準，為了低碳不用煤，為了恐核不用核能，只能依靠供應不穩定的再生能源，及安全存量偏低且價格較為昂貴的天然氣，未來國家能源安全問題令人憂心。

2. 能源價格合理化是提高能源效率最重要的政策工具。2012 年四月之後進行的油電價格調整是正確的作法。因今日「凍漲」必然導致未來的大漲，讓油電價隨燃料成本機動調整，並徹底擺脫政治對油電價的干預，是解決價爭論的最佳方式。

3. 日本立即廢核的影響及德國快速減核的經驗，值得我國借鏡。馬總統於 2011 年 11 月 3 日宣布在不限電、維持合理電價及對國際的減碳承諾的三前提下，以穩健減核（即核四安全無虞再運轉）、既有電廠不延役、打造綠能環境及確保核能安全三主軸建構的「新能源政策」應是當前因應福島核災，最可行的能源政策。

公民能不能？能源科技、政策與民主

4. 認定核四廠是否安全的唯一途徑是經由測試，特別是燃料裝填前的各種試運轉測試，這些測試乃是在放入燃料棒之前完成。政府宜按計畫邀請包括林宗堯等國內專家及美國、歐盟、OECD 核能管制單位專家做安全測試的檢視。測試過程及結果需公開透明以昭公信。

教學工具箱

網站：

行政院「節能減碳行動」：http://www.ey.gov.tw/
policy4/Default.aspx

經濟部「確保核安、穩健減核」：http://
anuclear-safety.twenergy.org.tw/Faq/index_
more?id=80

經濟部能源局：http://web3.moeaboe.gov.tw/
ECW/populace/home/Home.aspx

台灣電力公司：http://www.taipower.com.tw/

東京電力：http://www.tepco.co.jp/index-j.html

香港核電投資有限公司（HKNIC）：https://
www.hknuclear.com/Pages/Index.aspx?lang=tc

International Energy Agency：http://www.iea.org/

Nuclear Power in France, World Nuclear
Association：http://www.world-nuclear.org/
info/Country-Profiles/Countries-A-F/France/

U.S. NRC：http://www.nrc.gov/

延伸閱讀：

丹尼爾‧尤金（Daniel Yergin）（2012），《能源
大探索——石油即將枯竭？》。台北：時報。

松井賢一（2011），《百年能源大趨勢》。台北：木馬文化出版。

郭位（2013），《核電關鍵報告——從福島事故細說能源、環保與工安》。台北：天下遠見。

梁啓源（2007），〈我國永續發展之能源價格政策〉。《臺灣經濟預測與政策》37(2): 1–35。

經濟部（2008），〈永續能源政策綱領〉。http://nsdn.epa.gov.tw/20100203.pdf〈新能源政策〉

行政院（2014），〈新能源政策〉。http://www.ey.gov.tw/policy4/cp.aspx?n=E4707ED5C6C73F4B

討論：

1. 因應日本福島事件，德國政府立即廢核且積極發展再生能源之，該政策是否引發電力供應不穩、電價上漲等問題？

2. 政府積極發展再生能源（如：太陽光電、風力、水力），且全民節約用電，台灣是否就可不再發展核能發電？台灣是否在廢核之後就不會面臨電價上漲的壓力？

能源政策

公民參與再生能源發展：
社區風電的運作模式初探

林子倫

「社區型再生能源」近年來逐漸成為各國再生能源的發展模式，透過將電力生產與在地居民結合，以分散式、產權與利益共享、社區參與、或是社區利益協議的方式運作，經由對話參與的學習過程建立信任基礎，促成永續能源願景的實現。本文透過探討社區風電之運作模式，回顧各國社區風電的發展經驗，可發現早期參與、資訊揭露與平等對話機制的重要，透過社區能源的自主，讓民眾擁有電力的選擇權，並進而擁有影響國家能源政策的參與權，朝能源政策民主化邁進。

一、前言

　　1970 年代的石油危機之後，各國意識到過於依賴化石燃料所引發的能源安全問題，再生能源的發展即成為重要的能源轉型策略之一。近年來，由於全球暖化日趨嚴重，為了減緩溫室氣體的排放，太陽能以及風力等綠色能源已然成為各國的發展趨勢。再生能源發展成功的重要關鍵之一，建立在公眾支持與信任的基礎上。這樣的公眾信任基礎，涉及分配正義、程序正義（利害關係人參與）、資訊透明度，以及市場投資者與政府的政治決心等多重因素，凡此均牽動社會信任的建立與形

塑。事實上，「信任」攸關能源科技與政策是否能順利脫胎換骨為永續政策，而關鍵利害關係人之支持、對民意的理解、制度基礎的建構等面向，均是影響再生能源科技與政策推動的關鍵要素（Joberta, Laborgneb and Mimler， 2007）。IRENA（2012）的報告當中，也提及政策制定者必須要徹底了解政策利害關係人參與的重要性，在制定政策、法規規範或是配套支援計畫時，將相關領域的利害關係人的需求納入考量，以降低政策規劃的成本與實際執行時的阻礙。

社會接受度對於能源計畫的規劃與執行是重要的考量，因為這些計畫必須要在大眾的理解與支持下才有機會成功，而與社會文化及個人價值規範相關的障礙，也會影響到對新興能源科技的觀感及接受程度。IRENA（2012）的〈能力建構策略架構報告〉（Capacity building strategic framework for IRENA (2012-2015)）中曾經指出，這類障礙的出現，往往是未充分注意到社會文化所考慮的問題，如：大眾對於便宜而充足電力的需求、水資源與土地的競爭性用途、地景美學的考量、自然與人類遺跡，對於生物多樣性以及生態系統的影響等。

若從在地參與和接受度間關聯性的角度而論，可以發現當中存在相似的脈絡。美國 Wind Powering America 曾針對風力發電計畫中的利害關係人進行調查研究，以了解其在能源議題上特別關注、且認為具重要性的層面。調查發現，除了能源安全性與成本因素之外，對於在地經濟的貢獻度、土地利用方式、環境與生態衝擊，乃至於美學的議題，都是其所關懷的焦點。Hindmarsh（2010）則觀察澳洲的風力發電推動經驗，特別是政策過程中是否確保民主正當性、公平性與納入在地觀點，認為澳洲經驗顯示出社區的「協力」與「參與」，得以促

能源政策

使技術層面在發展的同時，強化社區的能力，跨越科技與社會間的鴻溝。而惟有當社會、經濟與技術面三者兼顧，才能確保政策推動朝向較佳的再生能源轉型方向進展。

Wolsink（2007）的研究則指出，再生能源發電廠址的設置，往往面臨在地住民對於公平性的爭議與衝突，而此正突顯出在地參與意見表達在執行過程中的重要性。一旦忽略在地關注的層面與利益，除了喪失住民對政策的信任感，進而延緩執行過程，甚至可能造成更大的經濟與社會層面的損失。此外，Mitchell 及 Woodman（2010）的研究則特別重視參與的有效性和適切性，認為歐陸的成功案例，幾乎都是訴諸最大化利害關係人參與，並最小化政治不確定性與干預，多重利害關係者的參與，有助於促進能源政策的透明度、課責性，以建構永續能源政策的制度條件。

在各種再生能源的發展型態中，「社區型再生能源」的發展模式，近年來逐漸成為各國再生能源的重點方向，此一模式透過將電力生產與在地居民結合，以分散式、產權與利益共享、社區參與，或是社區利益協議的方式運作，經由對話參與的學習過程建立信任基礎，促成綠能願景的實現（Stamford，2004；Toke，2005； 林子倫、蕭伶玲，2010）。「社區風電」（community wind power）的特色在於將電力生產與當地居民結合，風機規模上通常較小，資金募集可能為地方居民集資而投資，或由投資者與地方居民承租土地。透過讓地方居民參與整個電廠運作過程，居民不再只是能源生產的旁觀者，而是參與者。社區風電的運作模式有幾項特色：（一）可補充在地居民及穩定鄉村農民的收入，期待與在地鄉村景觀、價值與生活方式共存；（二）風力電廠通常將其生產電力回饋至社區本身，

減少社區能源的使用成本，提升能源自主性；（三）與傳統大型風電廠相比，社區風電為分散式電廠，可以解決傳統大型風電廠選址困難的問題；（四）一般傳統的風力電廠常因為噪音或景觀問題遭到當地居民反對，社區風電將地方居民納入電廠計畫中，以居民利益為考量，透過與在地居民的利潤分享，以提升在地居民的接受度，讓電廠順利發展（林子倫、曾棠君，2010）。

　　過去二十年，社區風電在歐洲丹麥、瑞典、德國、英國及西班牙等國開始發展，美國則至 2000 年初期才逐漸開展社區風電的運作模式。由於社區風電模式強調利害相關人的參與，同時提供地方居民分享電廠所有權及利潤的機會，相對於近來傳統大型風電的設立常常面對的鄰避效應（Not In My Back Yard, NIMBY）問題，有助於提升風力電廠的社會接受度與認同。2012 年世界風能會議（World Wind Energy Conference），更以社區風電為主題，強調「社區風能，公民豐『能』」（Community Power, Citizen's Power），宣示社區風電的模式成為新一代能源發展之趨勢。該會議的宣言強調，社區風電不但為社區居民的能源來源，更是他們權力的來源。以社區居民為主體的公民參與形式已不再侷限於政府公共政策制定上，如今在能源開發及運作配置上，納入公民觀點與參與也被視為其中重要的一環。本文從公民參與的觀點，探討社區風電發展之運作模式、並透過分析歐美的個案，評析「社區型再生能源」的發展趨勢及挑戰。

二、社區風電的定義

　　所謂社區風電（community wind power），意指風力發電

計畫由在地居民、農民、投資者、企業、學校、公營企業或地方政府等地方性團體所持有，藉由風能，以支持和減少地區能源使用成本之計畫。在地社區的成員除了地租和稅收之外，對於計畫直接持有多數股權是其重要特徵（Bolinger，2001）。在概念上，社區（community）的意涵包含心理型社區與地理型社區兩種不同類型。心理型社區的行為者（投資者、企業），彼此會分享共同的利益，交換不同的資訊與資源，以推動風電發展、減少能源成本等共同目標。地理型社區的行為者（居民、農民、學校），則因為擁有土地的所有權，因此有權決定是否同意電廠的興建；電廠完工後，對於電力計畫有直接或間接的參與空間。

世界風能協會（World Wind Energy Association）曾對社區風電作出定義，認為它指涉的主要有三：（一）在地社區的居民，地主或其他成員，對於計畫持股比例吃重；（二）此計畫會帶給社區經濟、社會、環境等不同面向的利益回饋；（三）就計畫本身的目的來說，其為分散式的發電模式，主要發售給公營事業或較大的電力使用者。世界風能協會認為，上述三項條件，只要符合其中兩項，即可稱為「社區風電」。

綜合上述，社區風電包含三個不同層面的特性，首先，從所有權（ownership）的角度，認為在地居民、地主或地方性組織，至少須擁有計畫部分的股權；其次，從發電裝置的規模（utility-scale）而言，以中小型的風力機為主（10 kW 至 50kW），近來甚至有商業規模的風力機（600 kW 或以上）；第三，從參與（participation）的角度出發，社區風電的運作通常擁有社區共享（sharing）的特性。

三、社區風電運作模式與型態

依社區主導性高低以及資金來源，社區風電可區分四種不同的運作模式（Burnyeat，2010），分別是：社區參與（community involvement）、社區基金（community funds）、社區投資（community investment）與社會企業（social enterprise）等模式，分別討論如下：

（一）社區參與（community involvement）模式

社區參與模式是指風電開發商必須在發展計畫過程中，設計並執行有關於社會溝通、公共諮詢、公共參與的程序。不過，公共參與的程度，以及在哪一個階段，居民能夠進行參與，會依開發商和其開發計畫而有所不同。例如，「公共諮詢」部份，途徑可能包括：利用宣傳手法來提高居民意識、辦理焦點團體（focus groups）座談、民意調查、舉辦公共展覽或者舉辦社區會議、聽證會等。就規模而言，由於參與階段、參與深度以及對居民意見的重視程度有所差異，社區參與的模式，又可區分三種不同的規模，分別是：社區主導型（community-led）、共享合作型（collaborative）以及開發者主導型（developer-led）。

1. 社區主導型（community-led）

由地方社區主導發起，透過來自基層的草根力量，以及部分居民的產權分享，參與計畫後續執行的模式。不過，由於地理區位的因素會影響共享等問題，限制電廠的發展規模與可能性。

2. 開發者主導型（developer-led）

此模式由開發商進入地方社區發動，並維持其相關計畫繼續運行，在地居民的角色較為被動。居民不僅在計畫開始前，

就有投資的可能，發展到一定階段之後，仍享有一定利益。此模式預設投資報酬回收後，開發商與民眾會再強化其投資，再次帶動社區發展的良性循環，但實際運作亦有限制。

3. 共享合作型（collaborative）

　　共享合作型的模式，則介於前兩類型之間。此一模式主要關切計畫施行過程如何合理、公平地考量所有利害關係人。居民的參與深度不若社區主導模式，但是居民對風電計畫選址執行，興建規模等重大問題仍擁有相當的決定權。

（二）社區基金（community funds）模式

　　此模式是指利用基金管理的方式，達到分散風險的效果，而且因為開發商「規劃增益」，而產生一些利潤回饋。該模式並沒有「明確」的投資目標，以及相關投資資本。大多數投資者只先確立了一定範圍，譬如風電或再生能源的計畫，專業經理人再利用這些匯集而成的資本，有彈性地投資合適的計畫（Bolinger，2001）。在此概念下，社區基金模式有幾項重要特徵：

1. 基金的管理費用，可以預先支付，也可以每年支付；

2. 管理者不一定是專業經理人，可能是獨立的第三方，如：社區發展信託（Community Development Trust）；

3. 沒有明確的投資目標，只限制一定之範圍，如：在地能源、環保設施等；

（三）社區投資（community investment）模式

　　此模式透過共享合作的投資途徑，如：股份分享，提供規模較大的社區與較多的居民參與，擁有投資當地社區風電

的機會。換言之，當地居民也是該計畫的擁有者，提供了一定的資本，也享有一定之利潤。社區投資有以下幾項重要特徵（Burnyeat，2010），包括：

1. 開發業者提供居民投資當地社區風電計畫的機會，並形成共享模式，開發業者決定開放多少比例的居民投資，例如：開放部分或整個開發計畫；

2. 居民可不用直接地參與計畫；

3. 開發業者可能會雇用代理人來管理股份的出售等事宜；

4. 此種模式能夠帶給願意且有能力投資此項計畫者一定程度之利潤回饋。

（四）社會企業（social enterprise）模式

廣義來看，社會企業模式和社區參與模式相似，由當地社區居民自行發動，主導相關計畫運行，其具有以下幾項特徵（Burnyeat，2010）：

1. 風電發展的計畫，主要由當地社區居民自行發動，且密集地參與計畫過程；

2. 風電計畫的規模，視社區大小而因地制宜。譬如一個生產千瓦電力規模的計畫，可能較適合小型村落，而中型或較大型的規模，則較適合城鎮，或者與其相當的區域；

3. 與社區參與模式之差異在於規模大小。社區參與模式的開發計畫規模通常較小，而居民能夠自主管理。然而，較大的開發計畫，可能就要透過社會企業模式，讓社會企業管理，然而利益仍回饋於社區；

4. 資本來自補助金、共享合作的股份，或者是商業貸款等；

5. 對於當地居民的回饋，可能一開始就發放，也可能每年發放
一定之數額，或者兼採兩者之方式；

6. 社會企業的模式，仍然以當地社區居民的利益為核心價值，
但與其他模式相比，產生的利益可能超過其他社區風電模
式。

四、歐美的社區風電個案

社區風電的模式最早從歐洲開始發展，近年來逐漸在美國
興起。縱然丹麥、德國及美國社區風電的個案，發展脈絡與運
作實踐不盡相同，卻共同呈現在地居民以多元的參與形式，共
同協力完成再生能源發展的圖像。

（一）德國

德國為全球發展風力發電相當早之國家，早期即有地方型
再生能源的設施，加上長期的反核運動，其風電總裝置量為全
球排名第四，大約五成的再生能源發電裝置為個人或社區合作
社所有。

不少德國風電廠採取合作經營模式。累積早期的經驗，這
些電廠清楚知道如何透過合作經營權獲取商業利潤。公司亦有
誘因將股份分享至地方及公部門；社區風電的使用上也享有稅
額抵銷的政策，增加設廠誘因。再生能源電廠透過社區經營的
型態，地方居民為非正式的經營者，享有風廠的經營權。

位於波昂東北部紅發山脈的 Hilchenbach 社區風電廠，為
德國社區風電的著名案例之一。該發電廠由社區居民集資建
成，一共有八十八名股東，居民與公司共享經營權。電廠位於
一百三十八公尺高的山上，分別架設五台風電機，生產電力足

以供給六千七百戶的家庭使用，社區形同自給自足。該公司採用這種合作機制的原因，在於設置風力發電廠的土地取得有賴居民支持，透過將居民、利害關係人內化為合作關係，使計畫更容易推動。Feldheim 社區則為德國另一個社區風電的成功案例，該社區有四十二台發電機散布在田野中，供應一百二十八位居民使用，該社區之電力供應皆來自再生能源（包括太陽能與沼氣等）。透過社區風電的協力模式，不僅可聚集民眾的力量開發再生能源，引導社區公民投資，並可強化在地居民的能源意識。

德國另一個社區風電案例為 Butendiek 社區。Butendiek 是首座離岸社區風場，在電廠設置過程中，此計畫曾碰到經費不足的問題。因為德國對於海域環境的規範嚴苛，迫使離岸風場必須朝向深海發展，造成風場開發的風險與成本大幅增加。由於此計畫已超越社區居民所能管理的程度，縱然德國有發展離岸風電的經驗，並非皆能將其轉化為社區風電的經營模式，其規模仍取決於資金成本及計畫管理。

此外，陸域風電往往會碰到畜牧用地與社區風電的衝突。為解決此問題，開發業者與地方政府必須建立有效的聯繫與溝通管道，在社區舉行公開的諮商會議，邀請民眾、NGOs 及專家學者參與，進行多元面向討論，透過持續溝通與協調以達成共識。

（二）丹麥

面對石油危機與國內廢核聲浪，1970 年代以降，丹麥開始積極尋找其他替代能源與再生能源的使用與開發，包括政府制定多元的能源政策，以及來自居民自主的草根行動。風電計畫也在此背景脈絡下發展，重要性與日俱增。

能源政策

丹麥的風力發電以個別持有者的型式為主，多數在離岸設置的渦輪發電機，是由農民、投資者，或是合股成立的風電合作社（co-operatives）所持有。1999 年，政府雖然受到企業遊說壓力，但為了風力發展的目標，仍限制參與者的身分為居民，阻斷了獨立電力生產者（IPP）的發展可能。晚近則因行政與成本考量，開放了參與者的資格。

　　1980 年代以降，丹麥持續提供誘因，鼓勵風電合作社與一般民眾參與風電計畫。社區風電發展倡議主要有三項要素：

1. 合法的風電發展者，能夠連接於電力網絡中；

2. 法律明文規定公用事業必須購買風電；

3. 條文中亦保證了風電的公平價格。

　　相關法案也提到風電發展者，只需支付連接到最靠近、適宜電網點的成本，而其他額外的網路升級或改善等費用，則由電網營運商支付，促進丹麥社區風電發展（Christianson，2005）。

　　Rønland 風力電廠是丹麥社區風電發展計畫中最為成功的案例之一。2002 年完成的風廠座落在西北海岸，當地人口約四千人，其中超過一千人擁有此風廠的股份，當地居民總共持有高達約 90% 的股份。然而，Rønland 風電廠一開始也面臨不少障礙，最終耗時七年才完成。主要障礙來自兩個原因：第一、利害關係人對技術的懷疑；第二、對當地禽鳥生態的影響。以前項來說，附近的生化工廠懷疑風電運轉的安全性，認為風機的扇葉可能掉落，將會危害其工廠及土地安全。而禽鳥專家以及環境團體認為，該地區為候鳥棲息之保護區，不應設立風機。因此主管機關以環境保護為由，否定了此項計畫。其後，

公民能不能？能源科技、政策與民主

由於政府發展風電的政策益發重要，Rønland 風力電廠重新規劃，利用社區投資之模式，將股份賣出以獲取資本，能夠進行環境影響評估，取得更廣泛、更精確的數據，得到當地居民互相支持。

（三）美國

位於美國麻州的赫爾鎮（Hull）在 1980 年代便架設了第一座風力發電機（Hull Wind One），發展風力發電的歷史悠久，為美國社區風電發展的著名案例。Hull 社區風電由 Hull Municipal Light Plant（HMLP）及當地政府主導開發，為公私部門合作的開發者主導（developer-led）型態。計畫在操控、維持方面，主要由政府機關負責，在技術上則由專業研究團隊執行，HMLP 公司亦參與其中。同時，當地居民也參與了計畫的每一個環節。

社區風電計畫的設置區位及自然條件往往為是否能進行的關鍵。赫爾鎮剛好有良好的設廠位置及適合風力發電的地理條件，風力資源充足，為發展風力發電的絕佳場所。同時，社區風電廠的產出足以自給，且產出價值回饋於社區，讓居民願意投資與支持此項計畫。產出電能後供應給社區，使社區居民用電成本下降。以上因素都是讓居民支持此計畫的誘因之一。

美國羅德島州的 Block Island 風場以及麻州的 Cape Wind 風場，則是採取「社區利益協議」（community benefit agreements, CBA）的模式，透過和社區居民簽訂協議，開發業者以一定比例之回饋金提供給社區，以爭取在地社區的支持。

五、結語：能源民主的轉型

社區型再生能源的發展趨勢，不僅是一項能源科技願景，更是一項社會工程。事實上，採用了某種發電技術系統，等於同時選擇了某種特定形式的公共生活安排。例如核電廠的建造運轉與輸送，必須依賴集中式的組織和專業技術菁英，伴隨著由上而下的集權式關係。分散式的社區再生能源發電的發展模式，轉移了傳統集中式電力系統的思考與設計，不但降低了電力輸送成本，能源取得也能自給自足。在這種能源發展模式與思考下，重新賦予民眾和社區自主權與參與決策的管道，翻轉公眾依賴政府集權提供能源的傳統認知與權力關係。技術物本身的政治性，使得技術選擇同時也可能是政治抉擇，影響我們公共生活與政治運作的樣貌（Winner，1986）。

面對新興能源科技所帶來各種層面的影響與衝擊，各國在能源科技發展的思考上，逐漸開始重新思索科技決策過程的轉型，相關政策或推動方案的成功與否，除了技術、財務、法規方面的配合以外，完善的公眾溝通計畫或機制的設計，對於深入了解公眾的考量與需求，降低後續爭議與抗爭處理的經濟與社會成本，建立各個行動者之間的信任關係，有決定性的影響。

從世界能源協會（World Energy Concil, WEC）2012 年發表的宣言，以及各國所採取社區風電的比例，我們可以觀察出，草根能量與公民參與，為這一波朝向新模式發展的重要趨勢。社區的居民已然成為利益關係者之一方，而不再是旁觀者。這種變化，重新塑造開發者與在地居民的關係。此外，社區共享所有權的模式，不僅有助於社區風力開發的公眾支持度。投資者和社區居民，在此模式下，容易凝聚共識的文化，

跨越地理之限制，而發展成新型的心理型社區。從歐洲經驗觀之，社區再生能源的運作模式，不僅振興了社區的地方經濟與生活，也同時促進了社區參與。另外，此種分散式能源的發展，滿足了一定之能源需求，亦帶來經濟回饋，如穩定電價。然而，由於經濟規模小、成本高等問題，社區風電的推廣與實踐，仍需要中央政府設計不同的激勵性誘因和補助形式。而不同層級、相異的補助方式，將促進各國多元態樣的運作模式。

在低碳經濟與公民參與的發展脈絡下，社區型再生能源模式已然成為各國能源規劃的新風潮。如何在政策、制度及法規進行調整，使再生能源成為公民生活的一部分，將是社區型再生能源模式持續發展的關鍵。透過社區能源的自主，讓民眾擁有電力的選擇權，並進而擁有影響國家能源政策的參與權，朝能源政策民主化邁進一步。

教學工具箱

引用文獻：

林子倫、蕭伶玲（2010），〈雲德模式—德國生質能源村推動經驗〉。《能源報導》，7月：5-8。

林子倫、曾棠君（2010），〈公民參與風力發電計畫—匈牙利 Vép 市推動之經驗〉，《能源報導》，11月：23-26。

Bolinger, Mark (2001). *Community Wind Power Ownership Schemes in Europe and their Relevance to the United States*. California: Lawrence Berkeley National Laboratory.

Burnyeat, Jake (2010). *Business Models for Community Wind Power*. UK: Green Trust Wind CIC.

Christianson, Russ (2005). Danish Wind Co-ops Can Show Us the Way. Available http://www.wind-works.org/articles/Russ%20Christianson%20NOW%20Article%201.pdf. Latest update 11 October 2013.

Hindmarsh, R. (2010). Wind farms and community engagement in Australia. *East Asian Science, Technology and Society: An International Journal* 4:541–563.

Hull wind (2013). Wind Power On the Community Scale- Community Wind Case Study: Hull. Available http://www.hullwind.org/. Latest update October 11, 2013.

IRENA (2012). *Capacity building strategic framework for IRENA (2012-2015)*. IRENA, United Arab Emirates.

Stamford, Mike (2004). *Community ownership: the best way forward for UK Wind Power?* Norwich: University of East Angila.

Toke, Dave (2005). Community wind power in Europe and in the UK. *Wind Engineering* 29(3): 301-308.

Winner, Langdon (1986). Do Artifacts Have Politics? In *The whale and the reactor: a search for limits in an age of high technology*. Chicago: University of Chicago Press, pp.19-39.

Wolsink, M (2007). Planning of renewables schemes: Deliberative and fair decision-making on landscape issues instead of reproachful accusations of non-cooperation. *Energy Policy* 35: 2692-2704.

邁向綠色經濟的新能源政策典範

趙家緯

能源政策之複雜性,乃是其於供給面向上須面對氣候變遷、化石燃料枯竭、核災風險三重挑戰,另一方面又得因應經濟發展與民生基本生活的需求,維持一定的價格,避免衍生能源貧窮(Energy Poverty)的衝擊。

若由此觀點出發,則顯見傳統的「放任能源需求持續成長,進而選擇成本最低的供給組合」能源政策範型,已然不適用。需進一步從「經濟發展與能源需求」以及「納入環境與社會外部成本考量的能源供給選項」等兩層面,建構新的能源政策範型。

一、既有經濟成長範型的反省

依據知名環境顧問公司 Trucost 發表的《自然資本處於風險:企業的百大環境外部性》(*Natural Capital at Risk: The Top 100 Externalities of Business*)報告,2009 年之時,全球因土地佔用、水資源耗用、溫室氣體排放、空氣污染、水污染、土壤污染以及廢棄物所衍生的環境外部成本高達七兆三千億兆美元,相當於該年全球 GDP 的 13%。其中以最主要的污染熱點為東亞及北美的燃煤發電業、南美洲的畜牧業以及南亞的農業、鋼鐵與水泥業。且依據此分析,若考慮整個產業生產鏈的環境衝擊,則目前的黃豆加工業、肉品加工業每產出一百萬美元產值時,其環境外部成本則已高達一百五十萬美元以上。此

公民能不能?能源科技、政策與民主

分析均顯示全球既有的經濟體系若未能有系統性的變革，藉由政策工具將環境外部成本內化各項商業決策之中，則全球實難奢談綠色經濟或永續發展。

若欲減少環境外部成本，因應大規模的環境危機，則維持一切照常（Business as Usual）的商業決策模式，只會徒然增加經濟體系的風險。如依據知名經濟學家 Nicholas Stern 以及研究智庫 Carbon Tracker Initiative 的分析，若要抑制增溫於攝氏 2 度以下之時，則全球石油、天然氣以及煤碳的蘊存量，只能動用 22%。此分析意味著，若欲因應氣候變遷，傳統化石能源業者是沒有成長空間的，而其目前市場上的股價，存在著碳泡沫化（carbon bubble）的風險。如該分析中引用 HSBC 的評估，指出若為減少溫室氣體排放，則目前市場上的石油與天然氣公司的資產，未來的價值將會降至當前的 40% ～ 60%。

但另一方面，目前資本市場上卻未意識到碳泡沫化危機，如紐約與倫敦證券市場上的投資組合所隱含的碳足跡仍是持續上漲。而全球在未來十年內仍有高達六兆元的資金，投入在探勘新的化石能源。然而從因應氣候變遷的角度而言，這六兆元的資金將只是種浪費。因此若商業模式與金融市場仍未將此碳泡沫化的風險納入考量，那麼未來全球只有面對金融危機或大規模氣候災難兩擇一的選擇。

既有經濟發展範型付出龐大的環境外部成本，而此類環境外部性，亦將反噬成長的果實。面對前述的惡性循環，聯合國工業發展組織（UNIDO）以及法國發展署近期共同委託永續歐洲研究院提出了《綠色成長：從勞動生產力到自然資源生產力》（*Green*

〈「碳泡沫」將世界推入另一場金融危機〉環境資訊中心報導

能源政策

Growth: From labour to resource productivity）報告。

　　該報告指出，過往的經濟發展與研發創新，均著重於提升勞動生產力。如自工業革命以來，全球的勞動生產力已經提升了二十倍以上。而在此同時，對於自然資源生產力的提升幅度，卻極為有限。因此在今日整體經濟成長率低於勞動生產力的提升幅度，卻高於資源生產力進步率的狀況，只是徒然使失業人口持續增加，而整個經濟體的資源耗用量與污染物排放量，亦不斷推升。如從 1980 年至 2008 年的三十年間，全球資源生產力雖然提升了 40%，但整體全球總 GDP 的增長幅度高達 150% 以上，導致化石燃料、礦產、木材與穀物等物質的消耗量增加了 80%。

　　該報告更直指，若要邁向永續發展，唯一可行的綠色成長途徑是使勞動生產力的進步率，低於 GDP 的成長率；而資源生產力的進步率，高於 GDP 的成長率。故建議各國應儘速推動環境稅制改革與移除環境有害補貼，如藉由能源稅與碳稅的開徵，以降低所得稅的負擔。

二、揭露官方的 GDP 恐嚇術

　　當聯合國、知名經濟學者甚至是金融業界均紛紛思考面對嚴峻的環境危機，既有經濟發展範型該如何調整之時，若將目光移回同時面對核災風險、氣候變遷、產業轉型等多重危機的台灣，卻會驚訝的發現各大經濟智庫提出的論調竟是如此貧乏。

　　如面對核四停建對經濟的影響此一議題，無論是經建部門或是各大經濟智庫，均依循著若停建核四，則需以燃氣發電彌

124

補其供電缺口；而因台電提供的資料中，燃氣發電的成本為核四的兩倍，因此停建核四就會造成電價增加，致使產業出口競爭力下降、民間消費規模縮減，致使經濟成長趨緩，導致失業人數增加。

各經建部會以及各官方倚重的智庫學者放送著停建核四衝擊經濟的論點，以回應龐大的廢核民意，不但不願正視其評估模型基本參數的謬誤，亦不願正面向全民解釋其評估結果。

如依據主計處評估，當電價上漲 10% 之時，經濟成長率影響程度約在 0.13% 之間。而依據經濟部的《核能議題問答集》的資料，停建核四，以燃氣發電替代之時，民國 107 年電價將較 102 年十月調整後的電價（3.15 元／度）上漲約 13% ～ 15%。另既有核電廠於民國 114 年以前陸續屆齡停役後，估計民國 115 年電價將較今年度的電價上漲 34% ～ 42%。

這也意味著依照上述的官方資訊，即使是停建核四對整體經濟成長率的衝擊，最多僅 0.2%，此影響程甚至還低於消費券之影響程度。且此評估結果，乃在高估用電需求與天然氣成本、低估能源效率提升效果以及核四發電成本等錯誤假設條件下所完成。若在基於較為真切的資訊，而且以分年反映燃料成本的增幅之時，停建核四對整體經濟的影響極為有限。

且兩年前於國光石化爭議之時，經濟部亦屢次以國光石化可帶來 2% 的經濟成長率來護航其興建之必要性。然最終政府仍是在全民的壓力之下，宣布停建國光石化。因此在面對核四爭議，若仍舊扛出經濟恐嚇論，恐經不起全民檢驗。

能源政策

三、擺脫台灣的核泡沫風險

氣候變遷使傳統石化能源企業以及碳密集的經濟體，將處於碳泡沫化的危機。同樣的，潛在的核災風險亦將使台灣的經濟發展，處於「核泡沫化」（Nuclear Bubble）風險之中。

論證核四興廢與否之時，台灣官方雖標舉「多一點理性」、「也要經濟的安全」，但其於討論對經濟之衝擊時，僅單方面提供前述停建核四後，閃電價上漲，對經濟之衝擊，卻未曾針對若台灣發生核災之總成本評估進行完整分析。反觀，身處法國此類擁核大國之中的核能相關研究單位，仍願意就「如果福島核災發生在法國」加以探討。

依據法國核能研究所 Patrick Momal 博士的研究，其指出要分析核災對經濟的影響時，應評估的項目包括：電廠除役與整治成本、替代發電成本、健康成本、農產損失成本、心理影響、疏散圈的土地價值損失、國家印象成本（如對法國旅遊業以及農產品出口的影響）等項目。

因此根據該單位評估，若福島核災發生在法國，其經濟損失更將達到五千八百億美元，約為該國一年 GDP 的 20%，高於台灣一整年的 GDP。各類經濟損失中，其中以國家印象成本最高，佔總損失的 39%，而疏散圈的土地價值損失次之，佔總經濟損失的 26%。此外該分析中指出，為填補核電停機以及提早除役後的發電缺口，需以其他發電的發電來填補，而此增加的成本，亦需視為核災的經濟損失，影響程度達總損失的 21% 左右。

從法國的研究中，既可知道一國的經濟發展，若仰賴號稱低廉的核電來供應假象的便宜電力，其反而是將整體社會的經

濟成長果實，曝露在核災風險之下，隨時有泡沫化的風險。

因此探討廢核對經濟的影響之時，真正理性的思維應是判斷台灣是否要為了號稱的 0.1% ～ 0.5% 的 GDP 成長率，加深台灣經濟體的核電泡沫化風險。

四、尋找非核低碳光明之路

然而就如同國際知名永續發展學者 Johan Rockstrom 於《瀕臨破產的自然》（*Bankrupting Nature*）一書中，指出核電充其量只是能源政策的一個選擇，而非命定的必備條件。諸多國際知名的研究報告，亦佐證此看法。如國際綠色和平、歐洲再生能源協會、全球風能理事會所委託多個學研單位所提出的「能源革命」（Energy Revolution）的研究報告中，即指出若全球能源效率在 2050 年時，提升至 2007 年的 3.7 倍，並大舉推動再生能源發展，則可在 2050 年時淘汰全球核電廠的運轉，且可使全球的溫室氣體排放量比 1990 年下降 82％，滿足抑制增溫攝氏兩度以下的需求。甚至全球電力供應總成本，可比一切照常（Business as Usual）的狀況下，減少二兆七千億美金。

此外，位於國際應用系統分析研究院（International Institute for Applied Systems Analysis, IIASA）邀集三百名能源領域學者，於 2012 年完成的全球能源評估報告（Global Energy Assessment）中，亦指出若全球鑒於核安的疑慮，不再新增核電機組，於 2050 年～ 2060 年之間達到全球淘汰核電的情境下，亦可藉由能源效率提升以及擴大應用再生能源，達到「充分滿足窮人能源基本需求」、「降低能源使用過程中的空氣污

Johan Rockstrom
〈讓環境引領我們發展〉Ted 短講

能源政策

127

染物以及健康衝擊」、「增加國際的能源安全」、「降低對氣候變遷的衝擊」等四項永續能源政策的主要目標。

　　而台灣是否也有同樣的新興能源政策路徑的選擇？

五、破解沒有核電就會缺電的流言

　　根據政府提出的能源政策規劃方向，其預估 2025 年時的全國用電量，要較目前增加48%以上，約1000億度，相當於5.2座的核四廠，或兩座以上台中燃煤火力發電廠，而台中火力發電廠已是當前世界總排碳量最高的電廠。

　　為滿足此需求，其在電力結構規劃上，雖依循「穩健減核」承諾，既有核能電廠需屆齡除役，但仍堅持核四興建之必要性，因此於 2025 年時，尚有核三廠的二號機以及核四廠共提供約 7% 的電力。而再生能源發展上，其承諾於 2025 年時，藉由風力發電與太陽能的發展，使再生能源發電量之佔比達到7.7%，高於核能發電之貢獻。然其餘部分，將藉由燃煤以及燃氣火力發電機組填補，其佔比分別為 49% 以及 34%，其中燃煤電廠的發電量將為 2010 年的 1.7 倍。

　　在此結構下，不但台灣仍需承受核安風險，且電力系統的二氧化碳排放量將較 2010 年增加 34%，空氣污染物所產生的健康風險亦將因燃煤電廠的擴增而巨幅增加。且在總發電成本上，除因發電量的增加外，更將因化石燃料價格持續上揚，使其燃料成本較 2010 年增加四千八百億元以上，致使總發電成本成長為 2010 年的 2.66 倍。根據此規劃，若電價充分反映單位發電成本的增加幅度，則電價需增加 80%，且因缺乏鼓勵住商節能之政策配套，住商用電量增加，亦將使其總電費大幅增

加為原本的 2.3 倍左右。

　　依據官方現行政策規劃，2025 年時，無法實現非核家園願景。因此在研擬替代方案時，首先可思考的方向為若電力需求仍如官方政策中持續成長，應以何種發電型態，替代停建核四後的發電缺口。而鑒於燃煤火力發電廠的高排碳以及高污染物排放的特性，因此若欲以火力機組替代時，則以燃氣火力發電為較適宜的替代方案。

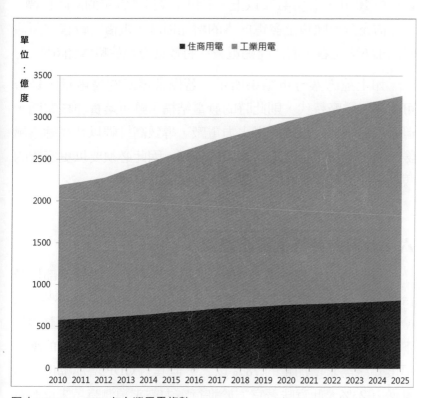

圖 1：2010 ～ 2025 年台灣用電趨勢
資料來源：綠色公民行動聯盟，〈核四真實成本與能源方案報告〉

經濟部與台電提出若全部核電機組，包括核四廠均以燃氣火力發電廠替代時，在考慮燃料價格上漲趨勢以及新建相關硬體費用下，則其會使單位電價相較於現今增加49%，其中核四興建與否對電價漲幅的影響程度則為14%。

若就整體發電結構分析，在以燃氣發電廠替代核四發電量的原則下，滿足2025年整體電力成長需求時，未積極抑制電力需求成長，並強化再生能源發展等措施，燃氣機組之佔比將相較於官方政策規劃中的34%，增加至40%。在此替代方案的選擇下，我們雖可避免核災風險，但電力系統的二氧化碳排放量將較2010年增加41%以上，不利達成目前宣示的減碳目標。若電價充分反映單位發電成本的增加幅度，電價將較官方預估略高出6%左右，而住商總電費亦將較官方預估略增加6%。

如上述方案分析結果所示，若僅就核四的發電量，是否可由燃氣電廠替代，則此時的發電結構，雖可落實非核家園，但因仍需增加大量的燃煤火力電廠，導致高排碳以及高健康風險，並未能引領台灣走向永續的未來。因此必須要以更宏觀的觀點，提出可達成廢核目標的能源政策方向。

六、台灣的非核低碳路徑圖

首先必須檢視台灣在2025年時，是否註定如經濟部以及台電所宣稱為了經濟發展，因此未來電力需求須成長48%。若檢視其此電力需求成長預測的細部資訊，則可發現其規劃路徑下，用電量增加的主要影響因子是工業部門，其用電量的增加幅度為總需求增加量的78%以上，但其對GDP增加幅度的貢獻僅有23%。此意味著官方於進行電力需求預測時，未反應社會重視的台灣必須積極推動產業轉型，方能因應環境、經濟、

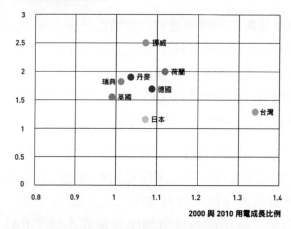

2000 與 2010 經濟成長比例

2000 與 2010 用電成長比例

圖 2：各國用電成長與經濟成長比例
資料來源：綠色公民行動聯盟，〈核四真實成本與能源方案報告〉

社會的三重危機。

　　讓用電需求成長與經濟成長脫鉤，只要透過配套政策的規劃與執行即可達成，在國際上也早有前例可循。丹麥、瑞典、英國、德國、日本等國，在 2000 年至 2010 年之間，均已達成電力需求零成長，而經濟上仍可持續發展的目標。

　　但實際上，德國在能源革命政策中提出了 2020 年的用電量要比 2008 年低 10%，2050 年要比 2008 年低 25% 的目標；2012 年以公投決定要邁向非核的義大利，也在 2013 年三月提出的能源戰略規劃中，設定 2020 年的電力需求不得比 2010 年高出 4% 的目標；而同樣欲邁向非核國的瑞士，也提出 2020 年的用電量不能比 2010 年增加 5%，而且之後要維持零成長的目標。被視為能源轉型模範之一的丹麥，最廣為人知的是其提出 2050 年時再生能源佔比達百分之百的進步承諾，但其能提出此承諾的關鍵要素，乃是其亦同時設定了 2020 年時的能源消費量要較 2010 年削減 7.6% 的節能目標。

能源政策

此外，若就台灣整體經濟體的電力效率進行分析，則可見到 2010 年時，台灣每賺一塊錢，耗用的電力是丹麥的三倍，是日本與德國的兩倍以上，甚至與韓國相較，耗用的電力亦較其多出 12%。顯示我們有極大的努力空間，可以藉由效率提升，達到經濟發展，但電力需求維持零成長的目標。

依據能源局委託工研院調查的「設備能源效率參考指標彙整表」，台灣的主要耗能產業，其主要設備的能源效率的平均值，相較於國內既有的最佳值，均有 20% 以上的進步空間。然而根據統計，近年工業用電的售價約比發電成本低了 0.45 元，意即全民提供高耗能產業極高的補貼，在 2007~2011 年五年之間，共提供產業兩千六百億以上的不當補貼，且在 2008 年時，甚至達到九百億以上，形同放任產業繼續抱持既有耗能生產模式，掠奪全民有形與無形資產。

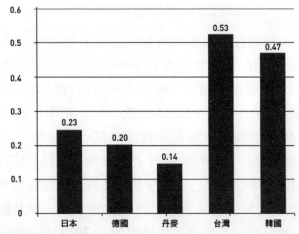

圖 3：各國電力密集度比較
資料來源：綠色公民行動聯盟，〈核四真實成本與能源方案報告〉

除以能源使用效率、課徵能源稅及產業結構調整等配套政策，達到「電力需求零成長」此目標外，在電力供給端上，則應採取更積極的措施，發展再生能源。目前台灣官方雖然號稱大力發展再生能源，但實際上在規劃政策時，並非從替代核電的角度出發，導致其設定的官方發展目標，並不具有引領台灣邁向非核家園的作用。

依照我們的規劃中，太陽光電發展可以加倍發展，風力發電亦然，最終可增加 4.5 個核四廠的發電能力。

綜上所述，倘若台灣改以用電需求零成長為目標，使 2025 年時的用電量，維持在 2010 年的水準，且發揮台灣的再生能源潛力，使其發電量可達到官方規劃的 1.83 倍，電力系統之佔比增加至 21%，再配合燃氣電廠的擴增，則不僅可使台灣達到真正的非核家園，且可大幅降低燃煤電廠之需求，使 65% 以上的燃煤電廠在未來五年間逐步淘汰。綜合前述策略，則可使電力系統的二氧化碳排放量，相較 2010 年削減將近五千萬公噸，有助落實溫室氣體減量承諾，且可減少空氣污染物衍生的健康風險。而總發電成本更較官方提出的涵納核四商轉的方案，低了 20%。若電價充分反映單位發電成本的增加幅度，電價雖比官方方案高出 20%，但藉由移除工業電價補貼、能源稅等政策工具，推動節能措施，實際上可使住商電費亦低 3% 以上，同時亦能降低中小企業的負擔，這才是一個對台灣未來發展有利的多贏策略。

且在就業人數上，官方報告則基於「若台灣於 2025 年達成非核家園時，電價將會上漲，導致產業競爭力受損」的假設，估算將會流失二萬二千個就業機會。但若採用前述用電需求零成長方案，則可於節約能源以及再生能源兩部分，創造六萬

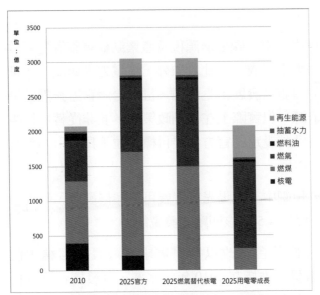

單位：億度

（圖中圖例）
- 再生能源
- 抽蓄水力
- 燃料油
- 燃氣
- 燃煤
- 核電

（橫軸）2010　2025官方　2025燃氣替代核電　2025用電零成長

圖 4：2025 年各種電力結構方案比較
資料來源：綠色公民行動聯盟，〈核四真實成本與能源方案報告〉

五千人以上的就業機會，這才是解決台灣結構性失業問題的正確方向。

　　若以 2025 年為目標年，面對核災風險、化石燃料枯竭以及氣候變遷的三重挑戰，台灣未來的電力結構有哪些可行的選擇？我們就上述三種電力結構方案進行比較如圖 4。

七、以能源革命啓動綠色經濟

　　2013 年 309 廢核大遊行中，主辦單位提供給參加遊行群眾的一款手舉牌上，載有「核廢料遷出蘭嶼、用電需求零成長」等字樣。前者是以環境正義的角度理解此訴求的脈絡，而後者則需以「能源政策典範移轉」的角度，方能意識到此訴求乃是台灣邁向核電歸零的必備條件。

公民能不能？能源科技、政策與民主

表 1：「非核低碳 VS 高碳核災」情境說明表

	官方電力結構規劃	用電需求零成長，非核低碳
經濟成長率	3.8%	3.8%
能源效率提昇目標	每年進步 2% 以上	每年進步 3.6%
電力需求量成長趨勢	2025 年時，電力需求量會比 2010 年成長 48%。	2025 年時，電力需求量不高於 2010 年。
燃煤火力	2025 年會比 2010 年成長 70%。	2025 年比 2010 年削減 65%。
核電	核一至核三除役 核四運轉	核一至核三除役 核四停工
再生能源發電佔比	2025 年達到 8450MW 發電量佔比為 7.7 %	2025 年達到 16450MW（發揮台灣再生能源最大潛力）發電量佔比為 21.2%
電力系統溫室氣體排放量	約比 2010 年高出 34%，增加 4600 萬公噸。	約比 2010 年低了 38%，削減 5000 萬公噸。
燃料成本增幅	2010 年的 2.68 倍	2010 年的 2.07 倍，較官方少了 1800 億元。
發電成本增幅	2010 年的 2.66 倍	2010 年的 2.12 倍
住商總電費年均增幅	5.7%	5.4%
經濟發展範型	環境資源剝削式成長	綠色經濟低碳發展
產業結構轉型	繼續發展高耗能產業	訂定高耗能產業發展上限，調整產業結構
就業機會	既有結構	創造節能、再生能源等綠色就業機會

能源政策

過往能源上癮，致使台灣今日承擔了極高的環境外部成本，亦衍生了社會不正義。面對今日的困局，我們需要根本性的轉型，而非填補式的修正。而今日核電種種爭議，驗證知名永續經濟學家舒馬赫在四十年前的提醒：「無論贏得多大程度的繁榮，大量累積無人知道如何使之安全處理的劇毒物質，都是不正當的……，幹這種事是對生活本身犯罪，它比人犯過的任何罪行都要嚴重得不知多少。以為文明在這樣的一種罪行基礎上得以維持下去的思想是道德、精神和思想意識的畸形產物。它意味著處理人類的經濟事務，卻根本不把人當一回事。」

而要扭轉前述的錯誤模式，則應涵納前述所引介的「能源革命」的概念，以能源效率的提升與再生能源的發展為政策主軸，且此概念於全球的能源政策討論上，引起廣泛的注意。但正面臨能源政策轉型關鍵時刻的台灣，卻因官方片面提供「再生能源僅是丑角」、「非核與減碳孰重孰輕」、「非核家園就是高電價」等資訊，而非檢視台灣是否具有不同的能源政策發展路徑，而逐漸錯失此機會，更喪失了邁向「在環境承載能力限制下，增進民眾福祉與社會公平為前提」的綠色經濟契機。

教學工具箱

網站：

綠色公民行動聯盟網站：http://www.gcaa.org.tw/

影片：

〈Let the environment guide our development〉
Johan Rockstrom TED 短講：http://www.ted.com/
talks/johan_rockstrom_let_the_environment_
guide_our_development

延伸閱讀：

綠色公民行動聯盟（2013），〈核四真實成
本與能源方案報告〉。http://gcaa.org.tw/
files/2013/gcaanuclearreport1.pdf（檢閱日期：
2014/6/12）

環境資訊中心（2014），〈「碳泡沫」將世界
推入另一場金融危機〉。http://e-info.org.tw/
node/85426

Greenpeace International (2012). The
Energy Revolution. http://issuu.com/
greenpeaceinternational/docs/er2012/1?e=0 （檢
閱日期：2014/6/12）

Trucost (2013). Natural Capital at Risk: The Top 100 Externalities of Business. http://www.trucost.com/_uploads/publishedResearch/TEEB%20Natural%20capital%20at%20risk_CN.pdf （簡體中文版：檢閱日期：2014/6/12）

UNIDO (2013). Green Growth: From labour to resource productivity. http://www.unido.org/fileadmin/user_media_upgrade/Media_center/2013/GREENBOOK.pdf （檢閱日期：2014/6/12）

Wijkman, Anders and Johan Rockström (2012). Bankrupting Nature: Denying Our Planetary Boundaries. NY: Earthscan/Routledge.

能源科技的
健康爭議

單元導讀

林宗德

　　福島核災後,由日本國會議決而成立的獨立事故調查委員會,於 2012 年七月公布調查結果,將福島核災的主要原因定調為「日本製造」的「人禍」。調查委員會指出,強調人禍而非天災,是由於在地震發生之前,各層級的核能管理機構和東京電力本身,都瀰漫著因循苟且,以保護組織生存為重的文化,因而錯失了許多事前加強核電廠防範天災能力的機會。調查結論自然引發各方解讀。其中一種解讀是:事故是可以避免的。一個重視安全、保持警覺不怠的組織文化,加上各種事前防範或緊急補救的應變技術和措施,可以大幅降低嚴重災害的發生率。

　　事實上,對於各種高科技的風險系統,有些組織學者也抱持著類似的觀點。針對高科技風險系統最著名的說法,是社會學家培羅(Charles Perrow)提出的「常態意外」(Normal Accidents)一說。他主張現代的複雜科技系統免不了會出差錯,而且意外無可避免。培羅以兩個向度討論複雜系統:一是考慮系統的組件之間是否有複雜的交互作用,二是看系統發生問題後,會不會迅速蔓延而影響系統的其它部分,因而造成無法收拾的局面,即所謂緊密相依的程度(Perrow,1999)。核電廠正是培羅認為具備高度複雜交互作用及緊密相依的系統,它的意外無可防範,必然會發生,因此稱為常態意外。歷史上

的經驗也說明，各種高風險系統的確發生多次大大小小的意外事故。

　　相較於培羅的說法，一些以加州柏克萊大學為主要根據地的組織學者，則從反面的觀點出發，想要瞭解一些應當會有常態意外的高科技風險系統，如何在日常生活的運作中降低意外發生的機會。他們實際造訪了核電廠、核子潛艇以及航空管制等等高風險系統，仔細觀察日常運作的細節。他們提出所謂的高可靠度組織（High Reliability Organization）理論，主張適當的組織設計與管理技術，加上恰如其分的備援系統，就可能大幅降低人為失誤；即便是暗藏高風險的科技系統，還是可以安全地運作（Perrow，1999；Sagan，1993）。一個強調安全至上的組織文化，透過集中化的管理，持續地訓練操作人員的反應能力，就能夠在危機時作出可靠的臨場判斷，並且透過合作互補的方式，確認處置的合宜。而這個高可靠文化的成形，極度依賴一個與外界相對隔離、高度社會化的封閉型組織，它與外界的互動，僅止於與其它運作類似系統的成員相互觀摩，藉以學習別人的經驗。不過，就組織觀點而言，組織內部各層級的目標可能會互相衝突，如何從上到下都落實強調安全的文化，實不無疑問（Sagan，1993）。由於常態意外和高可靠度組織這兩個觀點，都可以找到有利於己方說法的經驗證據，持有不同假設的兩方並不容易對得上話。

　　先不管這兩個觀點哪個比較符合實情，以目前我們生活中充斥著複雜的高科技系統的現實情況而言，我們都希望，至少在它們還在持續運作的當下，應盡一切努力保證它們的安全運轉。然而，雖然我們應當都同意，運作一個高風險的科技系統，需要具備一個時時警覺、強調安全至上的組織文化，但是核電

廠使用外包維修工這種組織形態，正是安全文化的警訊。各核電使用國為了節省成本，幾十年前就開始將維修作業外包給契約工。這些遊走於各核電廠的契約工，是否有足夠的專業訓練？是否能夠遵守安全規範來執行維修作業？以組織的角度而言，雖然可以在契約上訂定明確的規定，但在實際執行上，或許很難要求未與組織產生緊密關係的契約人員完全遵守規範。即便我們強調安全文化，最後也可能無法落實到契約工實際執行的每個修繕環節。由於防護衣及面罩的層層密封，核電廠維修工人在潮溼燠熱的工作環境下，面對著遵守輻射劑量的每日曝露上限，以及在一定時間內完成維修工作的兩難。如果遵守輻射劑量規範，可能就得面對工期延宕的問題；而為了工作如期完成，契約工和承包商往往透過各種方式規避輻射劑量曝露量的規定。在此嚴苛的工作環境下，我們能期待安全文化的落實嗎？

彭保羅教授的演講與文章，即是從瞭解核電工人日常工作的角度，提醒我們核電安全問題和工作者的健康問題。為了減低正職核電員工的曝露，核電廠運用大量的臨時工從事維修保養工作。臨時工為了趕工，常有機會曝露於過量的輻射劑量之下；而為了保有工作，他們也以種種方式避免紀錄正確的資訊，例如假造曝露輻射劑量值，或者是改變放置輻射偵測計的位置以便降低讀數等等。這些作法不但有害核電工的身體健康，以流行病學的角度而言，這些不正確的資料也無助於建立輻射劑量與健康風險兩者之間的統計關係。

這些問題的核心，即是核能與其它發電方式差異最大之處：高輻射工作環境的極度危險性。事實上，姑且不論核電廠排放的輻射以及核廢料存放造成的健康風險，從鈾礦的開採、

碾磨處理、濃縮到核燃料的製造，這整個過程帶給從業者健康的影響，在在都刺激了我們從倫理的角度來審視能源系統。北美和南非開採鈾礦的原住民與黑人所面對的健康風險，其實是族群不平等問題的表現（Caldicott，2014；Hecht，2012）。而鈾濃縮過程的衍生物鈾238仍具放射性，常被拿來製作具備強大穿甲能力的乏鈾炮彈和炸彈。美歐等國曾將乏鈾彈用於伊拉克、波士尼與科索沃等地，對於當地平民尤其是新生兒，與參戰的兩方士兵，都已造成無可彌補的傷害。其實，除了有輻射問題的核能之外，火力、天然氣、太陽能、風力，這種種發電方式從最前端的燃料、材料製備、運輸，到最後端的電廠運作，我們都應該詳加檢視對於從業者的健康影響。正如同跨國勞動檢查制度，讓我們瞭解在跨國大企業契約下運作的血汗工廠中，支撐光鮮品牌背後的苛刻勞動條件，能源開發和運作的勞動條件也值得關心。各種發電方式帶給所有從業者和在地居民的健康風險，應該要有長期監測的精確資料；如同 RCA 工廠污染的例子所示，各職位從業者曝露於有害物質的風險不一（陳信行等，2011）。如何建立可靠的資料，以便更精確地評估健康風險，不管對於支持哪一種發電方式的立場，都是重要的課題。

即便我們願意相信，核電廠在一個強調安全的組織文化下可以相對安全地運轉，維修工作仍是安全文化的一大隱憂。在追求安全與維護健康的雙重考量下，如何改善維修工人的處境，取得正確的輻射曝露資料，以便能有足堪檢驗的流行病學研究，是核電工的健康爭議留予我們的課題。這並非將福島核災歸咎於日本特有的組織文化，就可以一筆勾銷的。廣佈於各核電使用國的核電契約工提醒了我們，執意將國會調查報告書

僅作文化性的解讀，只著眼於「日本製造」，可能潛藏著高度的風險。

參考書目：

Caldicott, Helen（2014[2006]），《核電不是答案》（*Nuclear Power Is Not the Answer*）。台北：平安文化。

Hecht, Gabrielle (2012). *Being Nuclear: Africans and the Global Uranium Trade.* Cambridge, Mass.: The MIT Press.

NAIIC (The National Diet of Japan Fukushima Accident Independent Investigation Commission, 国会事故調) (2012). *Main Report.* http://warp.da.ndl.go.jp/info:ndljp/pid/3856371/naiic.go.jp/en/report/（日文版：http://warp.da.ndl.go.jp/info:ndljp/pid/3856371/naiic.go.jp/report/）

Perrow, Charles（2001[1999]），《當科技變成災難》（*Normal Accidents: Living with High-Risk Technologies, updated edition*）。台北：商周出版。

Sagan, Scott D. (1993). *The Limits of Safety.* Princeton: Princeton University Press.

陳信行等（2011），「公害、職災與科學－RCA事件專輯」。《科技、醫療與社會》12期。

Paul Jobin（彭保羅）

本文整理自巴黎狄德羅大學（Université Paris Diderot）彭保羅教授在新竹清華大學的演講，對象是修習台灣聯合大學系統「科技與社會」（STS）相關課程的學生。講者藉福島核災前後日本低劑量輻射的爭議，討論科學知識形成過程如何受政治因素影響，又如何影響勞工身分的界定。可見勞動過程其實是了解科技與政治複雜關係的重要切入點，頗值得 STS 學生關注。此外，本文也收錄彭保羅教授對法國「實踐社會學」的介紹短文，供台灣 STS 與社會學研究者參考。（編者）

一、人肉、奴役與慢性核災

　　首先向大家介紹我先前的研究。我研究的主題是日本與台灣的工業污染與公共衛生。我在日本花了滿長的時間研究水俁病，這可能是當地最嚴重的工業汙染。我也研究台灣 RCA 汙染事件，此事件引起很大的訴訟案，原告達五百多人。[1] 我在台南附近的安順，研究一家化學工廠造成的嚴重戴奧辛污染事件。[2] 十年前，我開始在台灣和日本福島進行核電廠工人的研究，但後來中斷了很長一段時間，直到福島核災發生，我才又回過頭研究福島核能系統的安全問題。其間，我和法國朋友合

〈被污染的土地〉
公視「我們的島」
台南中石化安順
廠污染事件報導

能源科技的健康爭議

作研究石棉公害問題，台灣對這個問題不太敏感，但在日本和法國卻是非常大的社會問題。此外，我還研究過勞死的問題。

我研究的參照文獻包括勞動社會學、醫療社會學、環境社會學以及風險社會學等研究領域。最初，會從事這些研究，是因為我對社會運動，尤其是環保運動和工人運動很感興趣。此外我有時還會參考法律社會學。

在台灣，我非常推薦中研院張晉芬老師寫的《勞動社會學》這本書。這本書在兩年前（2011 年）出版，題材非常豐富。我尤其推薦其中的第八章，這章的標題很有趣，叫〈工廠不是客廳〉。職業病或所謂職業災難的問題，經常都是在工廠裡發現的。前面提到的過勞死問題，也會發生在銀行、大學裡頭，如果老師壓力太大，也會發生可怕的過勞自殺或過勞死。另一本重要的書是中研院和清大社會所的謝國雄老師寫的《純勞動：台灣勞動體制諸論》，這本書也有專章討論職業災害，章名叫〈人肉，因果，與工作〉。工人就像肉一樣，過度使用後就被丟棄。台大公衛系的鄭雅文老師和同事出版的《職業病了嗎？》是另一本相關著作。《核電員工最後遺言》這本書出版於福島核災之後，當中收錄一篇我的文章，談論的是台灣與日本的核電員工。

我先向大家解釋為什麼我對核電員工或者核電的外包工人很有興趣。我在法國念博士班的時候，有一位社會學老師對我影響非常大，她寫過一本書，十三年前（2000 年）出版的，標題是《核能工業：外包與奴役》（*L'industrie nucléaire: Sous-*

---

1 可參考《科技、醫療與社會》，第 12 期，2011 年 4 月，〈公害、職災與科學─ RCA 專輯〉。

2 編註：此處指的是位於台南市安平區的中石化（台鹼）安順廠污染案。

traitance et servitude）。「Servitude」這個字有點難翻譯，在法文裡原本就包含了「外包」的延伸義。核能工業裡，大部分的維修工人都是外包，法國核能工業選用「servitude」這個詞來命名承包關係，但另一方面它恰好也有奴役的意思。因此這本書有一點諷刺的意味。當我在日本做博士後研究時，我發現日本很早就對核電員工做過一些有趣的報導。《原発ジプシー》（出版於 1979 年）這本書是一名記者寫的，他花了一年多的時間，進入核電廠當維修工人，有了許多第一手重要經驗。「原発」是核電廠的意思，「ジプシー」則是中文的「吉普賽人」。他們這些核電工人並不只在一間核電廠工作，當一間核電廠的維修工作結束之後，他們就換到另外一間。工人變成了吉普賽人。

　　福島核災後坊間出版很多書，有點像是核災周邊商品，這讓我覺得有點感冒，但也沒辦法。不過關於核電廠工人的書還是比較少，其中《ヤクザと原発》這本書也是記者進入福島第一核電廠工作後寫下來的。「ヤクザ」就是黑道，作者想必是日本黑道專家，可以敏銳地知道哪裡有黑道。他不是社會學家，但他做出很有趣的分析，揭露核能電力公司，比如說東京電力公司，如何用黑道公司僱用最貧窮、沒有保險的工人，要求他們做最危險、最骯髒的工作。當中有些工人工作一星期，有些人做了一個月，工作結束後，他們必定已曝露於很高劑量的輻射，就不讓他們再進電廠工作，否則他們一旦生病，就會引起問題。

　　我要特別感謝紀實文學作家樋口健二和鎌田慧[3]，十年前，當我開始這個研究的時候，兩位給了我一個非常好的建議，那就是前往福島，訪問住在第二核電廠附近的一名反核運

動者，石丸小四郎。他很不簡單，一般反核人士對核電工廠裡工作的人不太感興趣，但他卻很關心這些工人，也覺得書寫這些工人的辛苦很有意義。福島核災後，因為輻射值太高，石丸全家無法繼續留在福島，但他還是繼續關心在福島工作的「清理工人」的狀況，並且跟朋友出版了《福島原発と被曝労働》（明石書店，2013）。他們在這本書揭露了許多重要事實與核電廠工人的長期經驗，其中包括十年前石丸介紹給我認識的東電當地包商，和我曾在當地便宜民宿結識、訪問過的「吉普賽工人」。這些人的工作與生活環境，以及他們所罹患的癌症和其他疾病，都讓我覺得，2011 年 3 月 11 日的福島核災之前，其實已經存在一種看不見、聞不到，大家不太關心的慢性核災（包括我自己也不太關心，否然我當初應該更努力持續這個研究）。

Gabrielle Hecht 的 *Being Nuclear* 一書則探討非洲的鈾礦工人。我們以鈾當作核能電力來源，台灣的鈾主要來自澳洲，但美國、法國、日本及其他很多國家則用非洲的鈾。這本書的作者是一位美國的歷史學家，她也研究過法國核電廠的歷史。[4] IAEA（International Atomic Energy Agency，國際原子能總署）是聯合國監督核電工廠跟核武的單位，位於維也納。Gabrielle

---

3 樋口健二原來是攝影師，很早就開始關心核電廠工人，有興趣的讀者可以參考《闇に消される原発被曝者》（三一書房，1981）。鎌田慧是很有影響力的報導文學作家，他關注的議題相當廣泛，其中特別重視工人與環保；從 1970 年以來，已出版一百四十多本書，包括幾本關於核電廠問題的著作（如《日本の原発地帯》（1982）、《原発列島を行く》（2001）等）。

4 可參考 Gabrielle Hecht (1998). *The Radiance of France: Nuclear Power and National Identity after World War II*. Cambridge, Massachusetts: The MIT Press.

Hecht 發現 IAEA 在七〇年代做出決定，將鈾礦業排除在核能工業之外，因為採礦不是很高級的技術，所以不算核能工業。因為 IAEA 的決定，非洲鈾礦工人就不須做輻射量紀錄，也沒有特別記錄他們的疾病。這意味著我們不會看到、知道裡頭發生的疾病。這本書的封面是一名穿戴防毒面具的奈及利亞工人，這是最近的照片，從前工人並沒有穿戴防護衣，他們沒有眼鏡，沒有手套，什麼都沒有。五、六〇年代的照片裡，常看得到完全未穿衣服的礦工。這是非常糟糕的工作環境，當中一定有許多工人得癌症或皮膚病，但沒有什麼紀錄。福島發生爆炸，全世界媒體都關注此事件，所以我們才看得見此核災，就像美國的 911 事件；反過來說，我們不會稱上述日常的病變為核災，但我仍舊認為這是一種慢性的核災。

二、福島核災害後的日本

　　我先說明福島核災後日本的現況，以及所謂的「低劑量輻射」引發怎樣的爭議，還有此爭議與核電員工的關係。什麼是低劑量輻射呢？依據 IAEA，指的是 100 毫西弗以下的輻射。關於低劑量輻射的爭議從廣島、長崎事件開始，其實已經有五十年了，所以已經是滿長的歷史了。現在福島縣很多人非常擔心輻射，輻射偵測器變成大家（包括小孩）日常生活常用的東西。我手邊也有一只輻射偵測器，剛剛測出來，清華大學這裡的輻射量是每小時 0.14 微西弗，換算成一年是 1,226.4 微西弗，約 1.2 毫西弗。所以清華大學這裡一年的輻射量差不多 1 毫西弗，還可以。依目前國際標準，一般民眾最好不要處在年輻射量超過 1 毫西弗的地方。不過去年 （2012 年）夏天有人發現在清華大學核能所附近，曾經測得每小時 3.24 微西弗的輻

射量，一年差不多 28 毫西弗，這是非常高的劑量。

福島縣大學醫學部的副校長山下俊一，好幾次發表意見說，福島輻射量在 100 毫西弗以下，所以大家不用擔心，不會有問題。福島縣的反抗運動人士注意到這個問題，批評這名教授胡說八道，也要求民眾應該立刻離開福島縣，否則有害身體。當然對一般人來說不會馬上有問題，但小孩子很敏感，可能很快就會出現各種疾病。[5] 所以，2012 年有一千多名福島縣居民，對該學者、其他學者和日本政府提出刑事訴訟。另一方面，日本一些擁核學者則控告日本公共電視 NHK。NHK 曾製作一部很有趣的紀錄片，調查所謂的國際標準是如何決定的。製作團隊發現 ICRP，也就是國際輻射防護委員會，承受不少來自核能工業的壓力，因此才決定這種標準。所以日本一些學者控告 NHK，覺得這是不負責任的紀錄片。

現在有很多學者前往日本調查，包括 IAEA 和 WHO（世界衛生組織）的學者，還有不少的外國反核運動者，所以日本人很難搞清楚，到底聯合國是對的或者反核運動人士是對的。從 STS 的角度來看，這是一種「不確定性的狀況下的爭議」。這爭議也必須從性別的角度來觀察，我們發現男性較傾向相信聯合國學者的說法，女性則比較相信反核學者，這樣的意見分歧造成家庭裡的衝突，許多媽媽帶著小孩搬到別的地方，形成所謂的「福島核災離婚」。2012 年幾個學者跑到日內瓦 WHO 前抗議。他們認為 WHO 已遭 IAEA 綁架。WHO 的調查只要

---

5 根據 2013 年 11 月公布的調查結果，福島兒童甲狀腺癌確定人數增至 26 人，可能罹患甲狀腺癌的增至 32 人，共 58 人（同年 8 月的調查結果為 43 人）。即使甲狀腺癌是目前ＷＨＯ唯一承認與輻射有關連的癌症，官方仍舊持續否認這些孩童的甲狀腺癌跟核災的關連性。

涉及輻射量，包括流行病學的調查，都要經 IAEA 確認後才可以出版。但 IAEA 的角色是什麼？正是推動與監督核能工業。所以這裡出現很大的矛盾：WHO 要保護公共衛生，IAEA 則是為了推動核能工業，兩者有利益衝突。

因為核能工業有很細緻的技術，福島核災後日本首相便聘請東京大學的小佐古敏莊教授為顧問。這名學者在 2011 年三月初到四月底擔任顧問，他不是反核學者，反而可說是擁核學者。但他仍認為日本政府訂定 20 毫西弗的標準很危險。福島核災後日本政府決定，福島縣內年輻射量不超過 20 毫西弗的地方，雖說不是完全沒有危險，但仍可以住人，包括小孩子。小佐古教授認為這樣太危險，因為甚至是核電廠裡的工人，都很少曝露這麼高的輻射量。但日本政府不聽他的話，所以小佐古教授後來就辭職離開了。那時候他在媒體面前邊哭邊講，感動了很多人。連擁核的學者都這樣講，應該讓大家都滿擔心的。

另外一位日本政府顧問長瀧重信教授曾對我說，小佐古教授後悔說出「20 毫西弗的標準很危險」。對此我有點懷疑，所以我就去問小佐古教授：「你覺得現在的狀況怎樣？你會繼續覺得一年 20 毫西弗這種標準是有危險的嗎？」他回答我他一點也不後悔。他一直認為我們不該讓小孩子曝露在這麼高的輻射量。他說得沒錯，如果我們看福島核災事件前的紀錄，即使在最危險的福島第一核電廠，也沒有任何工人曾曝露於一年 20 毫西弗的輻射。從 2003 年至 2009 年，全日本的核電廠勞動人口平均每年差不多八萬人，輻射曝露劑量超過 20 毫西弗的只有 21 人而已；根據 2013 年 7 月份的統計，福島核災發生後，超過這個劑量的已經超過五千人。

三、低劑量輻射爭議與核電廠工人

從這裡我們可以看到，為什麼科技與社會研究需要考慮勞動社會學。除了了解核電工人的實際情況外，其實工人的工作環境對一般人也很有意義：工人遇到的風險，一般人也可能遇到。福島核災後，許多工人在福島第一核電廠工作（目前人數每天高達三千多名；核災之前，在福島第一核電廠的勞動人口每年平均在一萬人左右，但從 2011 年三月以來已增至三萬人；如果算進福島縣除污工人的人數，則還要再加二萬人）。這些所謂的「善後清理工」（liquidators），可能曝露在很高劑量的輻射裡。有人可能認為，為了保護日本和其他地方的人民，他們的犧牲不可避免。但從現在的輻射量來看，甚至連福島縣的居民都處在很危險的處境。福島縣許多地方都有輻射測量計，比方說我曾在郡山市的火車站附近看過一只輻射測量計，當時看到的測值是一小時 0.286 微西弗，差不多一年 2.5 毫西弗，其實已經超過國際標準。此外，距福島第一核電廠約六十公里的福島市，亦發現過一年 50 毫西弗超熱點。

若想了解現在日本面對輻射的態度可能發生的問題，除了可以參照前述小佐古教授的立場——即不應把對核電廠工人劑量限度的標準運用在一般人民，特別是孩童身上——以外，當然也必須參考車諾比的經驗。蘇聯政府在車諾比決定的疏散區是用 5 毫西弗為標準，所以日本施行 20 毫西弗為標準四倍高。有一名日本政府官僚承認如果施行 5 毫西弗為標準，那麼疏散區會會包括郡山市和福島市，疏散的總人口將達到六十萬人，福島縣將被迫停止運作，而且勢必付不出賠償金。[6] 讀 STS 的

---

6 參考 2013 年 5 月 25 日的朝日新聞（朝刊）。

你們已經知道，科學與政治常常作這種妥協。問題不是妥協本身，民主政治過程裡當然不能沒有妥協。但是當「政治」以為只要穿上「科學」的漂亮新衣，便能矇騙過關，要求人民把頭埋進沙子裡當鴕鳥，這已經不是妥協的問題，而是純粹的欺騙行為。

我們怎麼知道輻射量對人的身體、神經有何影響？目前主要的依據是流行病學研究。我們拿特定群體和一般人口做比較，看特定群體有什麼顯著的疾病。在輻射防護的研究上，主要根據是對廣島與長崎生還者所做的流行病學研究。因為已經有超過五十年的研究，我們可以知道這些生還者會罹患什麼疾病，有多少人患病等。

去年我到西班牙巴塞隆那的環境流行病學研究所（CREAL），訪問之前在國際癌症研究機構（IARC，屬於WHO）當過輻射研究中心主任的卡爾迪斯（Elisabeth Cardis）博士。她花了很多力量與時間做了一個大型流行病學研究，調查人口對象達四十萬人之多，包括十五個國家，都是在核電廠或者核能工廠等機構（比如製作燃料棒的）有工作經驗的人。研究發現這些人的平均累積輻射量為 20 毫西弗。但因為這是平均，所以裡頭有 5% 的人曝露在 100 毫西弗的輻射裡。而曝露在 100 毫西弗的工人，癌症機率也比較高，尤其是白血病。日本的長瀧重信教授跟我說，這個調查有很多方法論的問題，儘管這個調查刊登在英國很有名的《英國醫學期刊》（*British Medical Journal*），也通過同儕審查程序。不過，因為我已知道在小佐古教授的事情上，長瀧教授講的不一定是對的，我想最好的辦法，還是直接跟本人確認。

卡爾迪斯博士向我解釋其研究方法的限制，也告訴我流行

病學的許多研究方法都有限制，有時很難確定疾病的顯著性或機率，但她認為「溝通」是另一個重要的問題。流行病學依賴許多高深的科學，但要公開研究結果時，卻要講得比較簡單，否則大家會聽不懂。有一次她準備在日內瓦的 WHO 報告，卻發現前一天 IAEA 在倫敦開記者會，用她的研究結論提出完全不同的說法。IAEA 說依據卡爾迪斯等學者的研究，車諾比核災最多只造成四千多人罹患甲狀腺疾病。但他們的研究裡並沒有這樣寫，作者寫的是，我們「目前為止」只找到四千多人而已，不過必須繼續調查。IAEA 用讓大家比較放心的說法介紹他們的研究，卡爾迪斯認為這是 WHO 與 IAEA 的利益衝突問題。

福島核災有些 NGO（非政府組織）關心一般工人的工作環境。這些 NGO 要求日本衛生署改善福島第一核電廠工人的工作環境。但這裡出現很大的爭議，也是關於輻射量的問題。東京電力公司和日本衛生署做了兩個決定。第一，工人輻射曝露量若不超過 50 毫西弗，就不需做健康檢查；第二，工人體內輻射（internal radiation）曝露量不超過 2 毫西弗，就不需記錄。體內輻射指的是放射核種進入身體內繼續發出輻射，通常比體外輻射更危險。NGO 團體認為這裡有個很大的矛盾。如同前面提到的卡爾迪斯博士的研究，低劑量輻射對人體影響的流行病學調查，通常需要長時間累積的數據。為什麼日本政府要丟掉這些數據？難道日本政府不想看這些數據，不希望學者參考這些數據？從一般宰制的社會學來看（比如 Pierre Bourdieu 等），我們可以稱此為「社會建構出的不可見」（socially constructed invisibility），以讓社會大眾認為這些數據不重要，都是故意造假或者殘缺不全。

在日本核電廠的勞動，大部分的工人都是外包的，他們

沒有健康保險，沒有退休金，健康檢查程序很簡單，有時甚至完全沒有做。這是很明顯的歧視。十年前，我曾在福島第一核電廠見過一名小企業老闆，他的公司只有四、五名員工，都為東京電力公司工作。他自己刻印章，在自己和他的工人的健康檢查單上蓋印，以便繼續在核電廠工作。他知道核電廠的工作可能對身體不好，也知道核電廠安全的問題，但他沒有其他選擇。福島核災後曾有媒體報導，福島第一核電廠工人會在他們身上的輻射測量計外，裝上一層鉛罩，如此一來，測出的輻射量會比較低。這麼做是為了繼續在核電廠裡工作。

事實上東京電力公司幹部也知道很多工人都這麼做，但公司需要工人繼續工作。他們知道工人造假健康檢查結果很不好，但另一方面，他們也需要有人犧牲。為了尊重法律，也為了保護自己，東京電力公司就採用外包制度。但這是一種很虛偽的勞動結構。

職業病認定是一種健康保險制度，大部分工業國家都有這種制度。台灣有，法國也有，但我們不知道在台灣或法國，有多少罹癌核電廠員工獲得職業病認定。我曾調查過，日本自七〇年代有核電廠以來，只有六名核電廠勞工獲得職業病認定。2009 年日本一年期間差不多有八萬人在核電廠工作，工人最多的 1978 年，則有十萬多名的核電工人。這麼多的工人，但只有六名獲得職業病認定。其中有三名員工，是控告電力公司或勞委會後才得到認定。

這些事情被揭發後引發社會運動。其實這三名員工曝露的總輻射量並沒有那麼高。比如說，其中一名員工在核電廠工作四年，不到三十歲的時候就因為白血病而過世。他曝露的總輻射量是 50 毫西弗。另外兩名則分別是 100 毫西弗、70 毫西弗。

看起來好像沒有很高，但如果我們用前面提到的流行病學調查，我們就知道，曝露量 100 毫西弗的工人發生疾病的機率比一般人高。為什麼國際標準一直沒有改變？可能是因為我們只知道六名員工因為曝露在輻射中而引發疾病，數量不夠。但並不是沒有人發病，是我們不知道有多少人發病。其他人都是看不見的。這就是我提出「慢性核災」這個概念的意義所在。

今年三月，我們在清華大學的核能所測量輻射量，當時測得結果是每小時 2.6 微西弗，一年就將近 23 毫西弗，高於一般核電廠的輻射劑量。當然，同學可能去過那個地方、可能沒有，但最恐怖的是，必須要有人去測量我們才知道該處的輻射劑量，並且這些訊息也沒有公開。我們的周遭環境事實上有許多類似的情況。

我本來還要談福島核災後台灣人的核災風險感知，但因為時間關係，我想先和大家討論。

四、問題與討論

林宗德教授：很感謝彭保羅教授的演講。彭保羅教授在日本福島核災前後，做過很深入的研究，也有許多見解。剛才的演講提到，科學研究與社會制度間有個很重要的銜接點：到底要把客觀的輻射劑量設定在多少？對此我們需要很大量的公衛與流行病學調查資料。可是，就像彭保羅教授剛才提的例子一樣，只有典型勞動制度下的工人，才會有充足的健康檢查資料。對外包工人，或者非典型勞動工人，我們就沒有辦法追蹤。他們也有可能自己造假資料，所以我們根本沒有客觀的資料，能夠說多少劑量以下我們就不再需要追蹤。所以如果要做客觀的公共衛生研究，我們必須要有長期、穩定的數據。但是因為

社會制度沒有支持這些在非典型僱用勞動制度下的工人，讓我們持續監控他們的身體狀況，所以我們根本沒有他們的調查資料，以致我們沒有客觀的研究可以告訴我們，多少的輻射劑量才是安全的。目前不管在世界各國，包括台灣也一樣，非典型勞動的情況非常多。但不管是典型或者非典型的勞動，我們都需要一些數據，讓我們知道在不同的工作環境底下怎樣才是安全的。如果非典型勞動愈來愈多，我們可以預見，要追蹤這些人的資料將很不容易，我們也就沒辦法知道不同工作場所的危險性。這個案例非常好地講出了科學研究跟社會制度的關係，是非常 STS 的研究，其實也回到彭保羅老師的標題：〈為什麼 STS 需要勞動社會學？〉。

問題一：我是化工系學生。為什麼輻射量的流行病學研究，只採用二戰核爆的數據，而不採用車諾比的數據？

這是很好的問題，為什麼流行病學只參考廣島、長崎，沒有採用車諾比的數據？其實我也問過 Cardis 博士這個問題。她跟我說，車諾比只有二十七年的歷史，日本的廣島、長崎則有六十年。有一點很重要的是，廣島、長崎的調查對象，不是直接曝露在爆炸下的受害者，這種曝露劑量很高（1000 毫西弗以上），被曝者通常幾天或幾個月後就過世。所以流行病學調查的對象，最早的調查（美國人很快就開始做）是中劑量曝露（1000－100 毫西弗之間），後來的調查（日本學者自己做的）都是所謂的「低劑量」曝露（100 毫西弗以下）。1999 年，日本發生一個滿嚴重的事故，叫做臨界事故（criticality accident）[7]，這是物理學的講法。當時有三個工人曝露到三千到一萬毫西弗的輻射量，很快地，這三個人三個月內就過世了，因為

〈日本東海村 JCO 臨界意外事件簿〉紀錄片

劑量太高了。高輻射量很快就會對人體有影響，但低輻射量的影響則需要長期研究才能知道。所以說，車諾比事件至今雖然有二十七年，但對流行病學來說還不夠久。

問題二：您以日本政府為例子，那裡有保留一些重要的記錄，又有所謂的非典型勞工的狀況；我們想做研究或運動，要提出一些數據，也常會被問到誰能提出最有力的數據。以社會學的角度來說，我們可以從哪方面突破？

謝謝，其實你提出了兩個問題。第一個問題是：我們的社會是不是由科學家做決定？我們當然需要客觀的科學才能幫我們做決定，科學家在研究時也會碰到很多困難，包括沒有數據，或者資料不足，或者政府或其他單位不保存資料等，這些的確是社會運動會碰到的問題。但我今天向大家分享的，甚至在日本都不常有媒體報導。兩年前我參加日本環保團體的會議，那時比較多媒體提問，但現在報導就少了。現在日本很多人其實不想知道福島第一核電廠的狀況，有點膩，或者太可怕了，就寧可忘記這個狀況。所以你的第一個問題也是：社會大眾對科學有怎樣的期待？我們是否只希望科學家幫我們決定？另一個問題則是，社會大眾如果知道、聽說這些狀況，會做什麼行動？比如說，你們今天聽到福島核災的情況，會做什麼行動？當然你們是在台灣，你們的行動對日本可能不會有什麼影響，但你們可以在台灣做些行動。比方說，你們對核四公投有怎樣的看法？核四現在還沒有運轉，但對於已經在運轉的核

---

7 編註：指的是發生在日本茨城縣那珂郡東海村的「東海村JCO臨界意外」。1999 年，JCO核燃料製備廠在實驗爐添加鈾溶液時，因為達到核裂變的臨界狀態，而發生持續約二十小時的核裂變連鎖反應。

一、核二、核三，你們又有怎樣的看法？

問題三：我是醫學系的學生。我想問的是，為什麼核電工人身體出問題上醫院，醫院卻沒有檢查出來，沒有發現核電廠工人罹病？

　　謝謝你的問題。我剛介紹過的山下俊一教授，他其實在福島縣做了很多研究，他請當地民眾到實驗室抽血、驗尿，所以不是完全沒有調查。問題在於這些調查並未公開，一般民眾想知道自己身體的數據，也沒有辦法。所以很多居民抗議被當成白老鼠。我今天談核電廠工人問題，為了知道輻射量對人體的影響，我們不可避免做流行病學研究。我們也可以說工人被當成白老鼠，廣島、長崎的倖存者也是白老鼠。所謂的「數據」其實就是他們的身體。流行病學家也許會讓人覺得冷酷，因為他們沒有時間考慮人對自己身體被當成數據，會有怎樣的感覺。這是社會學家有時間去做的問題。我自己也感到有些矛盾，一方面把人當成白老鼠很有問題，但另一方面我也想知道研究的結果。現在有些福島居民批評所謂的御用學者只想利用他們，而未幫助、保護他們。我想我們還要再努力，比如說，你念醫學，無論以後你做流行病學或一般醫學，也可以好好考慮，如何把你的科學知識和一般民眾的要求結合起來。

問題四：我是機械系的學生。剛剛教授提到，我們收到的資訊，比方說關於輻射劑量的資訊，竟然受制於核能工業。我想請問，我們如何確定收到的資訊是客觀、準確的？

　　我也是一般民眾，我沒有做流行病學研究，對科學的想法也很有限。所以在這方面我不會相信我自己。社會學家在輻射劑量的爭議上，應該比較容易考慮一般民眾的心情。對我

能源科技的健康爭議

159

來說，問題不是要相信哪些客觀數據，而比較是要相信誰或怎麼樣的調查比較客觀。社會學家通常比較喜歡聽抗議者或批評者的說法。不瞞大家說，我比較容易相信反核運動者的說法，因為這些人已經學很多，讀過很多書，做過深刻的批判。我做研究時，會參考針對某議題社會上已有過哪些批判，這叫做「批判*的*社會學」。做批判的不是我，我只是去觀察一些團體（比方說環保團體）曾做過什麼樣的批評，批判對象是誰，又為什麼批評。這樣的觀點是根據法國社會學家波彤斯基（Luc Boltanski）和泰弗諾（Laurent Thévenot）等人共同創立的實踐社會學（sociologie pragmatique）所開展的進路（請參考本文附錄）。除了勞動社會學之外，我認為倘若能結合 STS 與實踐社會學將能為我們帶來更多啟發。

附錄

波彤斯基、泰弗諾等的「實踐社會學」

作者：Paul Jobin（彭保羅）

譯者：魏瑄慧、彭仁郁、彭保羅

    繼 1920 年代，美國實踐主義[8]（Pragmatism）哲學領銜學者詹姆士（William James）與法國社會學者涂爾幹（Emile Durkheim）之間不成功的對話之後（Gross，1997），要等待七十個年頭，法國社會學家呂克・波彤斯基（Luc Boltanski）和羅弘・泰弗諾（Laurent Thévenot）等人，才重新為歐陸社會學與美國實踐學派哲學——如詹姆士、杜威（John Dewey）和皮爾士（Charles Sanders Peirce）等人的論著——尋找到橋接的方式（Bréviglieri & Stavo-Debauge，1999）。值得注意的是，這項學術轉向也同樣發生在「科學、科技和社會」（STS）領域，波彤斯基和泰弗諾兩人的重要學術盟友拉圖（Bruno Latour）十分關注長期被「歐陸社會學」（如法國、德國和義大利等）忽略的美國實踐主義哲學傳統。三人皆致力在陷入教條化困境的布迪厄批判社會學之外另闢社會學新局，而實踐主義哲學恰好呼應了他們嘗試走出已然僵化的二元對立系統的取徑，共同建構出一套可超越客體／主體、系統／行動者、個人主義／整

---

8 譯註：Pragmatism 一詞在台灣多譯為「實用主義」，不同流派學者如 W. James、J. Dewey 和 C.S. Pierce 等人所發展出的理論，雖說都被並稱為 pragmatism，但事實上其取徑仍多有殊異。然而此詞彙之希臘字根 pragma，原為「行動」之意，目的在與傳統唯心思辨哲學從表徵出發的真理做出區隔，亦避免落入唯物論的真實觀點，而強調真理乃在實踐經驗中獲得彰顯，故在此選擇將主要受到 J. Dewey 理論影響的法國 la sociologie pragmatique 譯為「實踐社會學」。

體主義、群眾／個人等對立範疇的概念分析工具。這意味著社會學家必須更詳細地審視連結個人和集體層次之間的眾多銜接點。一種新的社會學「風格」於焉發生：「實踐社會學」（la sociologie pragmatique）。但事實上，此社會學學派最早仍承襲自韋伯（Max Weber），亦受到加芬克爾（Garfunkel）等的俗民方法論，和現象學知識論與方法論的影響，與美國實踐哲學的契合點反而是比較後來的發現（Stavo-Debauge，2012）。「實踐社會學」這個標籤的好處是，可以把拉圖和卡隆（Michel Callon）的科學與技術人類學，跟波彤斯基和泰弗諾的行動參與的社會學連在一起。更重要的是，它不只是一個理論，而是一種令實徵調查成為核心的社會學（Barthe et al，2013）。

雖然波彤斯基師出布迪厄（可參見 Bourdieu et al，1990），他並未全盤接受布迪厄的道統。舉例來說，即使波彤斯基沿用「宰制」的概念範疇，但目的是為了仔細檢視這個概念如何在日常生活裡被市井小民使用，避免概念淪落為研究者的標籤工具，強加於那些被歸類為「沒文化」的日常生活實踐者（cultural idiot）。這類取徑不但希望釐清社會範疇的建構過程（STS 學者熟悉的社會建構論），也希望探究日常生活實踐者如何操演加諸於自身的分類範疇。因此，實踐社會學回歸民族誌和人類學的規範，強調貼近日常生活實踐者，深刻理解他們的說法和看法。

波彤斯基與布迪厄道統另外一項巨大的差異，在於強調人類生活的倫理面向。實踐社會學的重要目標，在於理解社會共識（如契約和和平協議等）與歧異（如爭吵、罷工、衝突和戰爭等）的關係。為什麼現階段的共識會惡化分歧？反之，分歧如何整合為共識？對立者在歧異的不同階段或考驗（或者：試

煉，épreuve）中各自採取什麼樣的立場和論點？舉例來說，當歧異產生，行動者選擇何種考驗或批判操作來表達不滿以避免暴力？因此，實踐社會學的重要目標是闡明各種社會行動的動能，並且發展一種行動的社會學，將社會行動放置到道德倫理與象徵的意義中來觀看。

研究道德倫理能力的社會學主張仔細觀察行動者自身形成的批判，行動者如何建構、組織並且執行他們的批判行為；換句話說，行動者如何正當化所採取的行動（Boltanski and Thévenot，2006）。相對於布迪厄的批判社會學，波彤斯基與泰弗諾透過批判的實踐社會學，懸置社會學家一貫的批判傾向。特別要注意的是，實踐社會學並不因此規避任何結論式的批判，而是將爬梳行動者自身表達的細緻分析視為首要任務（Boltanski，2011）。

在此目標之下，實踐社會學要探討的是下列三個問題。首先，行動者如何理解推動他們朝向生活和環境變革的批判語言？第二，什麼時候和基於怎樣的理由，單一行動者的批判能被他／她最親近的社交圈（家人、同輩等）接受，並且被視為合乎正義公平？最後，行動者如何將原本侷限於少數人的批判成為社會多數人的共識？這個過程最初被命名為「一般化」（montée en généralité），後又由泰弗諾等人發展為一個從親近性到共通性的「參與體制」（regimes of engagement）大架構（Thévenot，2001、2009；Lamont and Thévenot，2000；Blokker and Brighenti，2011）。

教學工具箱

引用文獻：

Barthe, Yannick et al. (2013). Sociologie pragmatique : mode d'emploi. *Politix* 3(103): 175-204.

Boltanski, Luc (2011). *On Critique: a sociology of emancipation*. Polity Press. （法文原版：Paris: Gallimard, 2009）

Boltanski, Luc (1987). *The Making of a Class. Cadres in French Society.* Cambridge: Cambridge University Press. （法文原版：Paris: Minuit, 1984）

Boltanski, Luc and Ève Chiapello (2005). *The New Spirit of Capitalism*. London-New York: Verso. （法文原版：Paris: Gallimard, 1999）

Boltanski, Luc and Laurent Thévenot (2006). *On justification: economies of Worth*. Princeton: Princeton University Press. （法文原版：Paris: Gallimard, 1991）

Bourdieu, Pierre et al (1990). *Photography: A Middle-Brow Art*. Polity Press （法文原版：Paris: Minuit, 1965)

Blokker, Paul and Andrea Brighenti (2011). An interview with Laurent Thévenot: On engagement, critique, commonality, and power. *European Journal of Social Theory* 4: 1–18.

Bréviglieri, Marc and Joan Stavo-Debauge (1999). Le geste pragmatique de la sociologie française. Autour des travaux de Luc Boltanski et Laurent Thévenot. *Antropolitica* 7: 7-22.

Gross, Neil (1997). Durkheims's pragmatic lectures: A contextual interpretation. *Sociological Theory* 15-2: 126-149.

Lamont Michèle and Laurent Thévenot (eds.) (2000), *Rethinking comparative cultural sociology: Repertoires of Evaluation in France and the United States*. Cambridge, Cambridge University Press.

Stavo-Debauge, Joan (2012). La sociologie dite 'pragmatique' et la philosophie pragmatiste, une rencontre tardive. Séminaire de la Villa Vigoni, 15-18 juillet 2012.

Thévenot, Laurent (2009). Governing life by standards: A view from engagements. *Social Studies of Science* 39(5): 793-813.

Thévenot, Laurent (2001). Pragmatic regimes governing the engagement with the world. In *The Practice Turn in Contemporary Theory*, edited by Karin Knorr-Cetina, Theodore Schatzki and Eike von Savigny. London: Routledge, pp. 56-73.

能源科技的健康爭議

影片：

〈被污染的土地〉公視「我們的島」台南中石化
　　安順廠污染事件報導：https://www.youtube.com/
　　watch?v=kLMQHHkz8XY

〈日本東海村 JCO 臨界意外事件簿〉：https://
　　www.youtube.com/watch?v=U1xHUNm7j_k

延伸閱讀：

張晉芬（2013），《勞動社會學》。台北：政大出
　　版社。

謝國雄（2011），《純勞動：台灣勞動體制諸論》。
　　台北：中研院社會所。

鄭雅文、鄭峰齊編（2013），《職業，病了嗎？：
　　待修補的職業健康保護機制。》台北：群學。

鈴木智（2013），《黑道與核電：福島第一核電
　　廠潛入記》。台北：大牌出版。（日文原版：文
　　芸春秋，2011）

3.11 事故後的輻射防護

Paul Jobin（彭保羅）

洪靖 翻譯

這篇文章的初稿曾先後在科學社會研究年會（Annual Meeting of the Society for Social Studies of Science）（哥本哈根，2012 年 10 月）和加州大學柏克萊分校（2013 年 5 月）發表。改寫後，日文版已刊登在日本大原社會問題研究所期刊（2013 年 8 月），另有英文版正在出版中。不同語言之間的轉譯，以及同事們在每個階段提出的回饋，都讓我深刻體會到「翻譯」或拉圖所說的「轉譯」所帶來的極大益處。

一、前言

低劑量輻射對人體健康是否造成危害，曾一度於 1950 年代中期引發爭議，而福島核災（後文簡稱「3.11」）的發生，再度喚起對於這個問題的關注。自從 3.11 以後，日本的公民與勞動組織開始與厚生勞動省協商，捍衛福島第一核電廠的「善後清理工」（liquidators）以及在福島縣各地除污之人員（decontaminators or cleanup workers）的權益。運動人士為了強化對於當今工作環境的批評，一方面指出現有的流行病學調查並未設立任何安全閾值（safety threshold），另一方面，許多人也質疑現行輻射防護標準大大提高職工乃至整體居民輻射曝露閾值的做法。

能源科技的健康爭議

從事核電工人流行病學調查的主要研究者，當被問及相關問題，一致確認他們的研究結果不能被詮釋成「100 毫西弗以下的曝露風險極低」。對於現今的輻射防護標準，他們強調流行病學有其研究方法上的限制，也指出像國際原子能總署（International Atomic Energy Agency，以下簡稱 IAEA）這類機構傾向在呈現結果時以淡化風險為務。日本政府專家與運動人士在詮釋上的衝突，其實反映了長久以來存在全球流行病學者與輻射專家之間一個根本的論辯主題。關於這個論辯，我們必須從低劑量曝露的長期爭議（尤其從三哩島事件與車諾比核災開始）的角度加以考察。例如，這些災難是否促使國際輻射防護委員會（International Commission on Radiation Protection，以下簡稱 ICRP）於 1990 年下修標準閾值（現行架構也基於此標準）？而 3.11 在多大程度上又提供了新的資訊，導致現行標準受到進一步修正？

本文第一部分延續我從 2002 年開始對日本和台灣核電約聘工人的研究（Jobin，2011），借用較為古典的勞動社會學，對結構性宰制隱藏了大部分職業傷害的現象，採取批判性進路的分析（Thébaud-Mony，2011）；這個部分亦探討了 STS 研究核能勞動的進路（Hecht，2012）。本文第二個部分則聚焦於流行病學者和輻射專家在學術社群中的內部張力，以及流行病學者在實作上的知識侷限（epistemic constraints）。這個部分是在 3.11 之後才進行的研究，我借用了 Boltanski 和 Thévenot（Boltanski and Thévenot，2006；Thévenot，2009；Blokker and Brighenti，2009；Boltanski，2011）所開創的實踐社會學（pragmatic sociology），以及科學社會學若干經典著作的視角。

二、3.11 以後的福島工人

自從 3.11 福島核災以後,核電工人就開始在福島第一核電廠從事「緊急救援」,此工作沒有限期,意思是「緊急」狀況可能長達數十年之久。與厚生勞動省協商的數個非政府組織(NGO)早已強調過這個問題。[1] 這些運動人士旨在捍衛在福島第一核電廠以及整個福島縣從事除污工作工人的權益。有些工人從福島到東京參與協商會議,才使得會議討論不致缺乏對於實際工作情況的理解。NGO 和工人主要批評的是現行工作條件的各種面向。

有些問題是所有核電廠約聘工人都會遇到的,這在 3.11 之前就被討論過。例如工人修改輻射偵檢器以降低讀數,因為就算工人達到最高容許輻射劑量,雇主也沒有義務提供他們其他工作職務。另一個主要問題則是工人缺乏健康保險與長期勞務合約。因為約聘工人與日俱增,使得大公司(如東京電力、東芝、日立、奇異等公司)幾乎未受到必須改變現狀的壓力,因而得以持續規避相關責任。其他問題則與 3.11 後的特別處境有關。有關輻射保護方面,幾個最重要的問題如下:

---

1 最後一次的協商是在 2013 年 2 月 21 日。主導會議的並非大型工會(如日本勞動組合總連合會)代表,而是 NGO:例如原子力資料情報室(Citizens' Nuclear Information Center,CNIC)以及全國勞動安全衛生中心(Japan Occupational Safety and Health Resource Center,JOSHRC)的成員。後者是由過去的勞動組合總評議會的左派分支所設立。這也是為何我稱 CNIC 和 JOSHRC 是「勞工」NGO 的原因(請見 Jobin,2006)。3.11 之後,又有一些新進組織加入倡議(但我還須進一步訪談以理解其背景和動機)。我參與過以下幾次會議:2011 年的 6 月、7 月、8 月,以及 2012 年的 6 月。最後一次會議(2013 年 2 月)可參閱 http://www.ustream.tv/recorded/29444006。 CNIC 與 JOSHRC 通訊(安全センター情報)也有提供相關報導。請特別關注 2011 年 12 月與 2013 年 3 月的 JOSHRC 通訊。

- 厚生勞動省拒絕為外部輻射曝露（external radiation exposure）累積劑量在 50 毫西弗以下的工人做健康追蹤，只有高於 50 毫西弗的工人才可以享有每年一次的癌症篩檢。

- 東京電力公司宣稱，體內輻射劑量低於 2 毫西弗的工人沒有記錄可查。

- 對於福島縣各重災區的除汙工人（大部分都是臨時雇工），既無系統性的輻射曝露檢查，也未持續追蹤其健康狀況。

　　NGO 強調，政府對輻射防護的相關決策，以及勞務合約和除污工作相關決策的闕如，都跟政府以及核安當局「從災難中學習」的宣示背道而馳。日本政府專家認為，基於 IAEA 與 ICRP 的「安全閾值」建議，以及一些流行病學的調查結果，一年低於 100 毫西弗累積劑量的輻射影響是可以忽略的。這些調查的對象包括了不同的世代群（cohort），有些與核災相關，例如廣島和長崎原爆的生還者、車諾比核災的清理人員，或者核試爆的輻射塵受害者，但也包括受到長期職業性輻射曝露的工作者，如醫療放射師和核電廠安裝工人。這些調查資料以及 IAEA 和 ICRP 的詮釋，塑造了現今輻射防護的標準。勞工運動者指出，現存的流行病學調查並未設定安全閾值門檻，既沒有 100 毫西弗的標準，也沒有任何其他數值。因此排除輻射劑量低於 2 毫西弗的調查數據無疑是很有問題的決定，特別是保留這些紀錄本身並無難度，更何況這些紀錄還能夠提供關於低劑量輻射的寶貴資料。NGO 對當前的輻射防護標準所提出的挑戰，不只限於職業性曝露，亦包括一般大眾的曝露閾值。

　　追隨科技與社會研究對於非人（non-human）角色的重視，特別是 Callon（1986）首倡、並由 Latour（2005）等人發展出的理論進路，人類學家最近開始更加關注各種動物作為大型流

行病陣前「哨衛」（sentinel）的風險管理趨勢（Keck，2010；Petryna，2013；亦見 Møller et al.，2012、2013）。同樣地，相對於一般大眾，我們或許可以把福島的「善後清理工」視為潛在的輻射相關流行病的哨衛。將工人拿來與動物相比較，是為了挑動大家做一種倫理的考察，考察現今政府與核安當局在處理核電工人議題時普遍流行的犧牲邏輯。我們來看個例子。3月12日，也就是福島核災剛發生之後，法國國家輻射防護與核能安全院（Institut de Radioprotection et de Sûreté Nucléaire，IRSN）底下的緊急措施研擬部門的副所長被要求前往東京向法國大使提供建言。我曾問他厚生勞動省3月14日所訂定工人250毫西弗的體外曝露上限問題，他回應：

> 「當我們需要拯救反應爐，總是有事得要做……即便可能要以人為代價。我的意思是……，當前的挑戰如此巨大：他們必須拯救使用過核燃料棒儲存池。如果第一週就沒辦法控制使用過燃料棒儲存池，那麼接著整座基地都會失去控制。原因是，就空池釋放的輻射以及使用過核燃料棒的數量而言，一旦失去控制，後果將會是沒有任何人可以靠近基地方圓一公里之內。」

> （訪談者）「八月底時，輻射劑量出現 10,000 毫西弗的另一個高峰值。」

> 「這表示每小時僅僅 1 西弗，這還無所謂。我在談的是每小時 100 或者 1,000 西弗！這就有所謂了……。如果有人去那裡，他馬上會被烤焦！懂嗎？……真正的麻煩在這裡。因此如果有必要「讓一些人過曝」，以保持池子的水位，那就這樣吧，

因為如果不這樣做，就會發生某些你我都不想見到的事情！[2]」

如同哲學家高橋哲哉（2012）強調，核能工業早已灌輸國家（日本）一種犧牲的邏輯，然而在 NGO 與厚生勞動省的協商過程中，這種邏輯現在已受到挑戰。在仍有重大工作必須完成（例如移除在福島第一核電廠裡數以千計的使用過燃料棒）才能避免末世災難的情況下，3.11 以後的日本將會需要核電工人做出什麼樣的犧牲？我們首先來思考究竟緊急狀態如何促使東京電力公司決定「讓一些人過曝」。

根據東京電力公司宣布的數字，福島核災發生後最初的幾個星期，福島核第一廠有 169 位工人的累積曝露劑量超過了 100 毫西弗，這些工人大部分受僱於東京電力公司。當時，涉入的總勞動力很平均地分屬東京電力和其「夥伴企業」（也就是包商）。此後雖然不再有工人的曝露劑量超過 100 毫西弗，但是東京電力公司員工與包商員工的比例又回到了 3.11 之前的情況，東京電力公司約佔 10%，分包商則為 90%。分包商包括最上層的反應爐製造商（日立、東芝、三菱、奇異）以及各自底下七、八層的分包商網絡。2009 年福島第一核電廠中受僱於東京電力公司的員工為 1108 人（10.7%），而受僱於分包企業的員工為 9195 人（89.2%）。在官方資料中，沒有人曝露劑量超過 20 毫西弗，曝露劑量介於 5 至 20 毫西弗者只有 964 人，而這些人大都（926 人）是分包商員工。根據日本核能安全局（Japanese Nuclear Safety Authority，NISA）的資料，其

---

2 Olivier Isnard 的訪談，於 IRSN（巴黎近郊），2011 年 9 月。

他核電廠的雇員比例大致也是如此，而且僅有少數員工每年曝露劑量超過 20 毫西弗。然而這些統計數據並未真實反映遊走各電廠的臨時工的實際情況。另外，我們還不清楚這些數據是否包含那些受僱於第五層級以下的分包商工人，也就是那些日本很早就出現的大量日薪臨時工（藤沢、樋口，1977；堀江，1979；森江，1979；樋口，1979、1981、1988、1996；全金大阪地元対策部，1982；Tanaka，1997；高木，1988、1990）。臨時勞動力的難以估計在 3.11 之後更為加劇，由於災後核電工業需要大量人力，便藉報紙徵才廣告招募到各年齡層的男性臨時工，其中有些還很年輕（Jobin，2011b；布施，2012）。這部分的勞動市場是灰色地帶，在電力公司默許下，大部分受控於「極道」（ヤクザ，即黑道）（鈴木，2011；Itõ 和 Akai，2012），因此我們很難估計這部分的勞動力，例如在氫爆之後收拾殘破瓦礫的到底是哪一類屬的工作人員，我們無從得知。

　　從 2011 年 4 月 15 日開始，日本厚生勞動省同意與勞工和環境相關的 NGO，針對福島第一核電廠人員的工作環境與輻射曝露進行協商。這些運動人士被厚生勞動省先前 3 月 14 日的決策激怒。該決策基於福島的緊急狀況，把最大曝露值從五年 100 毫西弗調升到 250 毫西弗。在 2011 年六月與七月的協商會議中，厚生勞動省的一位官員承認，這個決策其實來自東京電力公司和日本核能安全局。這位官員也承認，他無法親身確認情況，因為到目前為止他仍不被允許進入現場視察。他明確指出輻射防護標準的內在矛盾，不只是在核災時期，一般時期亦然。如同 ICRP 的建議，最大曝露值已經訂定在五年 100毫西弗，所以，大部分國家都將最大曝露值設定在一年 20 毫西弗，日本也將此值訂為兩年 50 毫西弗。實際上，在 3.11 之前，非常少工人的年劑量超過 20 毫西弗。大致可以這樣說，這個

核電工人的建議曝露值，幾乎是一般大眾的建議曝露值（每年1毫西弗）的二十倍，而且這些建議值持續地下修[3]。

　　如同厚生勞動省這位官員所言，這些僅僅僱用幾天然後就被遺棄的臨時工，非常可能未曾接受過全身輻射檢測儀（一種量測身體吸收輻射劑量的掃描儀器）的檢測。另一位出席7月26日會議的官員（與前一位官員不同，明顯較不具同理心）說得更加直白：無論如何，如果高劑量曝露意味著有工作可做，那麼很多工人都願意接受。運動人士便憤怒地回應：「如果你根本無視於勞動法規，那你是幹什麼的？厚生勞動省的存在又有什麼意義？」

三、從管理思維出發的輻射防護

　　社會學家 Annie Thébaud-Mony（2011）已經證實，法國核能電廠採取分包制度的動機，一方面是為了控制維修工資成本，另一方面是為了不讓工人受到過度曝露。她所謂的「利用劑量的工作管理」在於把整體劑量「分攤」給大量的臨時工，從而把劑量問題稀釋到不致引發社會議題。隨著核能電廠日益舊損，愈來愈容易「洩漏」，就需要更多工人來做維護工作。而且與多位專家所說相反，根據工人的證言，輻射確實會造成設備損耗。因此在「保護工人安全的要求」以及「管理成本的經濟鐵則」之間，這些在受監控的輻射環境中工作的維修工人，就成為化解兩者巨大矛盾的調控機制。2002年六月，我去

---

[3] 1969年以前（含），大眾劑量的建議閾值是每年5毫西弗。至於工人的建議劑量，1950年以前（含）是每年460毫西弗，1950年至1956年間下修至每年150毫西弗，之後則維持每年50毫西弗直到1990年。

參訪福島第一核電廠，雖然東京電力公司的經理禮貌歡迎我，但當我要求分包商的清單，好讓我可以對第一線的維修工人進行系統性訪談，對方卻尷尬地拒絕。儘管如此，我仍然訪問到一名技師，他受僱於位在神戶的一間重要的分包商，為日本三大製造商（東芝、日立、三菱）工作，負責檢查和修理冷卻系統裡最為關鍵的氣泵。當時他告訴我，有些核電廠（包括福島第一核電廠）需要的維修工人人數，是十年前的兩倍。他說兩年前遵從法國核電安裝的先例，停機歲修目標工時被縮減為四十五天。這意味著，時間更短，工人更多。

輻射的允許劑量（每名工人每天最多 0.1 毫西弗）意味著，縮短歲修工時迫使工人要不就跳過某些攸關核安的維修步驟，要不就犧牲個人健康以完成工作。換句話說，工人必須自己「管理」自己的輻射防護，然而他們手上就只有輻射偵測計量器和劑量登記簿。

我在 2011 年三月之後遇到一名年輕工人，他的故事正好可以說明此困境。T.S. 是一名年輕技師，十年來受僱於一家分包商，該包商專責東京電力公司和其他電力公司核能相關工作。從四月初開始，他在福島第一核電廠從事四天制的輪班工作。我詢問他，為何女川核電廠比較接近震央，卻不像福島第一核電廠一樣受到如此巨大的影響？他說，女川核電廠是由東北電力公司負責營運，定期的歲修時間是一百天，期間做燃料更換與全系統（反應爐、冷卻系統、渦輪機、發電機……等）檢查；相反地，東京電力公司的管理階層卻希望員工以及分包商可以在五十天之內完成這些工作。而且正如 T.S. 指出的，五十天大概只夠匆忙快速檢查，還有幫官方文件蓋蓋橡皮圖章[4]。

相較於堅實的電廠安全相關技術知識，T.S. 只接受過少量

能源科技的健康爭議

的輻射防護以及長、短期輻射曝露風險的相關訓練。其後，有一次我們見面時，他同意與一位參與厚生勞動省協商的運動人士討論此事。現在，T.S. 本身也成為一位積極的勞工運動人士。他對於東京電力公司的態度快速轉變，從忠實效忠到嚴厲批判，這樣的轉變肇因於 3.11 之後，他意識到許多事情自己都被東京電力公司蒙在鼓裡。身為土生土長的福島人，他不只認為自己可能必須犧牲生命來挽救電廠以免醞釀更大災情，也瞭解到接下來幾年，他的出生地很可能都不適合居住。同樣地，許多福島地區的家庭主婦本來只是沉默的電力消費者，現在也轉而成為核電工業的積極反對者：「東京電力公司欺騙我們很多年了，我們相信他們的謊言，就像小孩相信他們的『能源之屋』展示室那樣！」[5]

四、幾個職業病重要案例

在日本，一年輻射曝露量達 5 毫西弗就足以要求職業病認定。然而根據可得自厚生勞動省以及勞動監督署的資訊，至今獲得職災補償的核電工人只有十四人（請見表 1）。此人數光是與單年核電廠勞動人口（2009 年超過八萬人）相比已經是奇低無比，倘若對照日本長達四十年的核電工業史中聘用的大量員工人數，更是微不足道。

第一個認定案例是 1991 年的 M.K.，他於 1978 年十一月

---

4 T. S. 的訪談，2011 年 6 月 19 日與 7 月 30 日於磐城。該城市距離福島第一核電廠南方 30 公里，大部分負責搶救電廠的約聘工人都安置於此。

5 佐藤富士子，磐城，2011 年 6 月 19 日。佐藤小姐創建了「保護磐城孩童網絡」。

到 1980 年九月在福島第一核電廠工作，全身的輻射吸收總量是 40 毫西弗，白血病病徵於 1982 年開始顯現，之後於三十一歲（1988 年）去世。他的家人在他死後提出職業病認定的申請（藤田，1996）。

最常被記錄下來的，大都是那些引起公眾爭議的例子，其中一些最終獲得了勝利。第一個這樣的例子是嶋橋伸之（名字由家人透露），他於 1981 年至 1988 年在中部電力公司底下的一間分包商工作，工作地點為由中部電力公司經營、位於東京南方的濱岡電廠（藤田，1996；海渡，1993；嶋橋，1999）。他負責定期檢查電廠裡的三座反應爐，身體吸收了 50 毫西弗的劑量。中部電力公司給他的雙親三千萬日圓作為慰問和補償。然而，對於公司無視兒子明顯疲勞還督促他工作的罪咎，嶋橋的父母既震驚又難過，決定向官方申請正式認定。隨後，他們發現，就在兒子過世的那一天，中部電力篡改了他的劑量登記簿。中部電力因為擔心這些數據會被用於反核運動，力阻他的父母提出申請，但他的母親回答：「不，我們就是要用它！」1991 年，靜岡勞工處發現了有利他們的證據。

2004 年，長尾光明的骨髓瘤獲得職災認定，他是第一個非白血病受到輻射相關職災認定的案例（除了東海村三名嚴重曝露的勞工）。但之所以成功，還是因為透過大規模的抗爭行動以及全國性的請願支援。[6]

然而，有更多未能公諸於世的案例，因為他們的家人惟恐引來公司或社區的責難，也怕身為輻射子女的父母而蒙羞。例如，在 2000 年時，H.S. 的案例獲得富岡官方認定，他是東京

---

[6] 請見渡邊美紀子所撰之報導，載於原子力情報資料室網站。

電力公司底下分包商的焊接工，從 1988 年開始在福島第一與第二電廠工作，1999 年十一月死於白血病，享年四十六歲。他的家人說他受到的輻射曝露高達 75 毫西弗。但另有兩個案例，根據富岡勞工處人員給我的文件：「總輻射劑量低於輻射防護的標準值。」不過這些官方文件不會提及計量器測出數值的可信度如何，也沒有指出低劑量輻射所帶來的影響。

在調查期間，我認識了橫田先生，他是一間小分包商的老闆，負責承攬日本反應爐製造商（例如奇異和日立）的業務。橫田先生因為罹患癌症而退休。對於東京電力公司的態度極為不滿的他，詳細地向我解釋他曾經是系統性篡改資料的幫凶。在東京電力公司默認下，當時的他認為這是工作中必要的部分。他給我看「偵測無異常」的戳章（見圖 1、2、3），說明他以前總是在年度醫療檢查之後，當醫生發現工人血液組成異常，表示有可能罹患白血病時，用這個戳章來篡改他所負責的工人的劑量登記簿。

因此，如同上述研究案例，對於法國核電工人（Thébaud-Mony，2011）、美國核電工人（Mancuso et al.，1977；Shreder-Frechette，2001），以及對非洲鈾礦工人的研究（Hecht，2012）案例都在在顯示，許多已經罹癌、或未來可能罹癌的工人案例，永遠不會出現在政府的公衛資料中。

圖 1、2、3：橫田先生示範「未發現異常」的假章

表 1：輻射曝露而罹病或致死的核電核工人認定結果

	工人	疾病	勞基署	申請遞交日	結果	累積劑量（毫西弗）
1	岩佐嘉寿幸	輻射性皮膚炎	敦賀（福井縣）	1975 年 3 月 19 日	退回（1975 年 10 月 9 日）	?
2	A	惡性淋巴白血病	松江（島根縣）	1982 年 5 月 31 日	退回	?
3	M. K.	慢性骨髓白血病	富岡（福島縣）	1988 年 9 月 2 日	確認（1991 年 12 月 24 日）	40
4	B	急性骨髓白血病	神戶（兵庫縣）	1992 年 12 月 1 日	退回（1994 年 7 月 27 日）	?
5	C	急性骨髓白血病	神戶（兵庫縣）	1992 年 12 月 14 日	確認（1994 年 7 月 27 日）	?
6	嶋橋伸之	慢性骨髓白血病	盤田（靜岡縣）	1993 年 5 月 6 日	確認（1994 年 7 月 27 日）	50.63
7	N. M.	再生障礙性貧血	富岡（福島縣）	1996 年 8 月 16 日	退回（1997 年 8 月 14 日）	?
8	I. I.	慢性骨髓白血病	富岡（福島縣）	1997 年 5 月 16 日	退回（1998 年 9 月 30 日）	2.26
9	D	急性淋巴白血病	日立（茨城縣）	1998 年 12 月 22 日	退回（2000 年 7 月 30 日）	129.8
10 11 12	東海村事故	急性輻射綜合症	水戶（茨城縣）	1999 年 10 月 20 日	確認（1999 年 10 月 26 日）	3,000; 10,000; 17,000
13	H. S.	急性白血病	富岡（福島縣）	1999 年 12 月 20 日	確認（2000 年 10 月 24 日）	74.94
14	小田原敦彦	肺癌	龜戶（東京都）	2000 年 1 月	退回（2003 年 3 月 12 日）	?
15-19	美浜事故	急性輻射綜合症		2004 年 12 月	全部確認（2005 年 1 月）	?
20	長尾光明	多發性骨隨瘤	富岡（福島縣）	2003 年 1 月 14 日	確認（2004 年 1 月 13 日）	70
21	喜友名正	惡性淋巴瘤	淀川（大阪府）	2005 年 10 月 28 日	確認（2008 年 10 月 27 日）2006 年 9 月曾遭退回，同年 10 月再次申請	100
22	E	急性淋巴白血病	富岡（福島縣）	2006 年 2 月 15 日	?	?
23	梅田隆亮	心肌梗塞	松江（島根縣）	2008 年 8 月 9 日	退回（2010 年 9 月 14 日）	8.6
24	F	惡性淋巴瘤	敦賀（福井縣）	2009 年 3 月 21 日	退回	

確認案件合共 14 件

資料來源：彙整自日本厚生勞動省、原子力資料情報室之資料，以及作者訪談反核運動人士石丸小四郎和富岡勞工局某官員時所獲得的訊息（福岡縣，2002 年 6 至 8 月期間）。

我們或許可以把這種隱匿低劑量曝露資料的決策視為一種「不可見（invisibility）的社會建構」。譬如，Hecht（2013）總括此狀況，她認為這種系統性的不可見，意味著有更大量且未被記錄的集體曝露劑量，僅僅只有小部分的病發被視為「職業病」。從 3.11 出發，我們或可進一步思考，勞工議題可以給 STS 和災難研究什麼啟示？就像 Hecht（2012）的建議，STS 通常將焦點放在工程師、科學家、專家等角色，這可能導致忽略藍領階級的勞工。這些人屈身工業階級底層，常常也處在世界市場的邊緣（例如非洲的鈾礦工人）。然而，這些工人，尤其是約聘工人，不只人數超過工程師和科學家，在核能電廠的案例中，比起一般正式雇員，他們還要更瞭解機組的確實狀況，因為他們正是負責定期維修工作的人。如同 Thébaud-Mony（2011）和 Fournier（2012）對於法國案例的研究，這些工人所擁有的經驗，對機組的安全十分關鍵，但是他們的勞動經驗知識在主管階層眼中並無太多價值。

五、核能體制的內部張力

　　前面的描述借用了勞動社會學，還有一般社會學的批判傳統，著重於闡明知識的侷限也是導致職業災害從我們的視野中消失的因素之一。接下來我將利用批判的實踐社會學（Boltanski and Thévenot，2006）來進一步檢視 3.11 前後核能體制內部的緊張關係與批判。

　　首先，我將討論一位接受過我兩次訪談的健康專家，長瀧重信的論點[7]。他從 2011 年四月起成為首相旗下核能災害專家團的一員，該專家團由八人組成，山下俊一（3.11 之後被指派為福島縣立醫學大學副校長）也在其中。長瀧與山下一再保證

安全無虞，他們總是優先顧及工業與政府的利益而非維護大眾健康，因而被視為「御用學者」。

對於長瀧來說，沒有理由要去質疑聯合國原子輻射影響科學委員會（United Nations Scientific Committee on the Effects of Atomic Radiation）做出的科學結論（UNSCEAR，2011）。基於在廣島、長崎所做的世代研究（cohort studies），這些科學結論宣稱每年低於 100 毫西弗的累積劑量不會造成任何影響，而高於此劑量的話，罹癌風險則會規律但平緩地增加：100 毫西弗的罹癌機率是 1%，200 毫西弗是 2%，500 毫西弗是 5%，以此類推。雖然 ICRP（2007）建議工人的曝露上限是 20 毫西弗，一般大眾是 1 毫西弗，但長瀧認為，這些建議值只反映出政策需要，是預防措施和社會妥協的結果，並非基於流行病學上的證據。而且，ICRP 的基本哲學是「可合理達成而盡可能低」（as low as reasonably achievable, ALARA）原則，這意味著可依照緊急情況做出彈性調整。長瀧堅持科學與政策不同，認定兩者之間涇渭分明，但 STS 學者則認為這兩者間的嚴格區分完全是一種幻象（Latour，2005、2012；Frickel & More，2006）。但有趣的是，長瀧的論點恰好明確指出，ICRP 的標準與 ALARA 原則是科學與政策相互妥協的結果。這與厚生勞動省的官員認定這些標準與原則完全基於科學的看法，恰成對比。

在車諾比核災的問題上，長瀧完全贊同世界衛生組織（WHO，2006）達成的結論，但同時卻又否認紐約科學院匯編的報告（Yablokov 等，2009）具有任何的科學效力。按照

---

7 長瀧重信的訪談，東京，2011 年 7 月 25 日以及 2012 年 1 月 16 日。

能源科技的健康爭議

長瀧的看法，小出裕章（小出、黑部，2011）或 Chris Bus-by（2011）等人倡議應將孩童全數撤離福島縣的論點，完全沒有適當的科學證據作為根據。長瀧這些話與前述的思路相當一致（也符合他在 3.11 之後出版的一本專為非科學家讀者撰寫的著作中的立場，請見長瀧（2012））。

更令人驚訝的是長瀧對他的同事小佐古敏莊做出嚴厲的批評。小佐古顧問在 2011 年四月給首相的辭呈中，堅持年劑量 20 毫西弗的輻射污染閾值是異常的，即使是核電或鈾礦工人也不應該曝露在這個劑量之下，更何況是孩童。當我一年後與他碰面時，他仍然表示不後悔這樣宣稱[8]。對 3.11 以後關於低劑量輻射的爭議演變來說，小佐古提及核電工人一事意義深遠。雖然從 2003 年到 2009 年，在日本全部核能電廠的雇工裡面，僅有二十一人的年曝露量達到 20 毫西弗或以上，但這個數字在 3.11 以後急遽攀升：光是 2012 年七月，遭到高曝露的人數就高達 4,398 人[9]。借用 Hirschman（1970）著名的理論框架，我們可以說，像小佐古這樣的科學家大聲疾呼他們的關切，而像長瀧這樣的科學家則忠於主流典範。

自 1990 年代中期，流行病學家 Elizabeth Cardis（2005、2007）於任職 WHO 國際癌症研究機構（International Agency for Research on Cancer，IARC）期間，主持了一項針對核電工人的大型流行病學調查。這項調查歷時數年，涵蓋了包括日本在內的十五個國家。長瀧對此調查的科學效力也抱持懷疑。他承認主持人 Cardis 具有堅實的科學背景，也承認在 1990 年代

---

[8] 訪談，於東京，6 月 19 日與 6 月 25 日。

[9] TEPCO，《福島第一原子力 電所作業者の被爆線量の評 について》，2012 年 8 月 31 日。

初期針對車諾比最早的幾個研究中，她的參與有其貢獻。但根據長瀧的說法，Cardis 犯了倫理規範上的過失而遭到加拿大團隊的譴責。長瀧也懷疑，其中幾名共同作者是否真的有能力勝任研究核電工人議題。

　　Cardis 等人（2005）研究的出發點是，對於低輻射環境對健康影響之評估研究而言，核電廠工人提供了一個相當穩定又相對可信的樣本資料，有助於修正目前「主要基於日本原爆生還者資料」的輻射防護標準，以「增強輻射防護標準的科學基礎」。Cardis 等人的研究採用無閾值線性劑量反應模型（linear dose response model with no threshold），研究顯示當以核電工人為樣本時，「除了白血病以外的癌症死亡率，其風險的中央估計值要比原爆生還者的線性外插估計值還高出兩、三倍。」作者更進一步說：「我們的估計認為，相較於背景值，對於非白血病的癌症，100 毫西弗的累積曝露劑量將會增加 9.7% 死亡率（1.4 ～ 19.7%）；對於非白血病、非肺癌、非胸膜癌的癌症，這個曝露劑量也會增加 5.9% 死亡率（-2.5 ～ 17%）。因此，Cardis 等人認為，對於非慢性淋巴細胞白血病的白血病死亡率的對應數值則為 19%（小於 0 ～ 84.7%）。雖然混擾因子（confounding factors）（例如抽煙）的資料闕如，但「非抽煙相關癌症風險的中央估計值，高於抽煙相關癌症。」儘管全體研究對象（十五個國家共 407,391 位工人）的平均累積劑量稍微低於 20 毫西弗（19.4），「但是在本研究中有低於 5% 的工人，終其職業生涯接受了上百毫西弗量級的累積計量。」然而，總地來看，該研究所蒐集到的核電工人資料中，可以歸因於輻射造成之癌症（含白血病）的死亡率，只相當有限地些微提升 1% ～ 2%。於是，該文做出以下結論：死亡率的提升在統計上與 ICRP 的輻射防護標準是一致的。既然 Cardis 等人所

作出的結論符合 ICRP 的主流觀點，那麼，為何那些像長瀧那種「忠於典範」的專家，卻不重視該研究成果或研究方法？合理的推測是，該研究在某種程度上破除了輻射防護標準的主流共識。

在這份研究中，正式雇員佔了樣本的絕大部分，他們平時接受定期的輻射檢查。如同我前面所提，這和約聘工人的情況相當不同：約聘工人往往因為負責日常維修工作而吸收了輻射曝露劑量總值的大部分，更不用說那些目前還被聘來福島第一核電廠工作的臨時工。然而，如果考量目前福島的情況，我們可以從該研究推斷，曝露累積將達 20 毫西弗或以上的成年人中，他們罹癌致死的風險較高，而孩童的風險至少還要高兩、三倍。因此，儘管風險增加的幅度相對微小，但仍然遠高於像山下和長瀧這類專家所說的「不明顯」或「可忽略」。

Elisabeth Cardis 同意與我碰面，因而我們有機會討論她的研究可能引發部分核安專家質疑的原因[10]。首先，長瀧曾提到加拿大研究結果的爭議，對此 Cardis 澄清說，那些批評並非來自其他國家的共同作者群，而是來自一名輻射防護專家，他受雇於加拿大核電工業，也在聯合國輻射影響科學委員會（UNSCEAR）工作。當加拿大的世代群展現出較高死亡風險的時候，加拿大調查中所採用的劑量測定法的可信度，還有調查的設計也就遭到質疑，彷彿其結果造成了十五國調查共同結果的偏差。Cardis 說：「人們開始說『看，如果移除加拿大的資料，調查成果就會變得不顯著。』而且好幾年以來，媒體上

---

10 訪談（以法語），於巴塞隆納的環境流行病學研究中心（CREAL），2012 年 5 月。

出現有許多謠言，都是因為加拿大。」不過，加拿大團隊已經同意重新檢查研究結果，而且可能在重新計算之後出版。

對於原本的研究沒有囊括約聘工人的問題，Cardis 回應道，一來，在英國的世代群中確實包含了約聘工人；二來，她強調，原本研究的目標在於釐清低劑量輻射對人體健康造成的效應，而不在於與核能電廠勞動組成相關的問題，例如劑量檢測的造假或者約聘工人健康檢查的不足。因此，對於流行病學調查來說，核能電廠的正式雇員是夠大而且可信的樣本群。由於正式雇員享有穩定的工作條件（如終身聘僱）、定期的劑量檢測、持續的醫療檢查，因此較有助於把焦點擺在低劑量輻射的效應。負責法國部分的共同作者 Agnès Rogel 也強調這一點，雖然她承認對於核電約聘工人仍然不夠瞭解，但她觀察到「相較於其他工業的勞動人口，核能工業的勞動力在職業健康問題上是最受管控的。」[11] 除此之外，也如同 Boudia（2007）、Hecht（2012）所觀察到的，許多 ICRP 成員在面對遊說壓力之時，仍然努力建立自身學科的自主性與正當性。

當我問到，如果罹癌風險確實增加，為何這個研究的結論卻說與 ICRP 的輻射防護標準相符？Elisabeth Cardis 這樣解釋：

> 「問題在於，我們的信賴區間非常大，例如，如果我們看非肺癌與非胸膜癌的癌症，在我們的研究裡，該數值在 0.03 到 1.88 之間，但在廣島、長崎原爆生還者的研究中，該數值則是 0.01 到 0.05〔針對同樣在二十至六十歲期間遭受曝露的男性〕。所以，雖然在我們的研究中，相對風險值是 0.87，高於廣

11 電話訪談，於巴黎，2011 年 9 月。

島、長崎研究中的 0.32，但因為信賴區間較大，所以不確定性也較高。」

接著，她向我介紹了她的近期研究，對象是南烏拉爾（Southern Urals）山脈捷恰河（Techs River）附近遭受鈽（plutonium）曝露的居民（Cardis，2007b），還有對受到車諾比核災影響的居民以及「善後清理工」所做的研究，同樣顯示對於血液系統癌症，如白血病（Kesminien, Cardis et al.，2008年）、甲狀腺癌、白內障、心血管疾病（Cardis & Hatch，2011），有類似的發病趨勢。因此，我便問起她關於車諾比後遺症的調查（Cardis，2006）。這份研究，是由她和山下俊一共同撰寫，最後成為 WHO 發表的那份極具爭議且「具決定性」的車諾比報告（WHO，2006）[12] 的依據。對此，Elisabeth Cardis 說明：

> 「很倒楣的，在 2005 年的維也納，我被要求發表這份報告。發表的前一天，在倫敦舉行的一場記者會稱，死亡人數最多是四千人。這個推測宣稱是基於我們十年前發表的研究，但報告中並沒有這樣說。」

（訪談者）「誰負責這個記者會？IAEA 嗎？」

> 「這就是問題所在……有好幾個組織負責，但由 WHO 和 IAEA 共同發表。」

（訪談者）「他們是流行病學家或是醫師嗎？」

---

12 對於很多反核運動者來說，這份報告就是 WHO 順服於 IAEA 的象徵。在與 Cardis 教授碰面的前一天，我受邀參加一場在日內瓦的會議，此會由數個歐洲反核與公民 NPOs 的共同組織所舉辦。Busby 與 Nabokov 也出席了這場會議。請見他們的網站：http://independentwho.org/en/。

「都不是。」

Cardis 的回答，意味著我們需要更謹慎檢視這些報告，以及支持該份報告的調查。例如，甚至是 Cardis（2006）的摘要也謹慎地宣稱：「撇除甲狀腺癌發病率在年輕人群體大幅提高，目前並沒有證據可以清楚顯示罹癌風險會因為輻射而增加。但無論如何，這不能被詮釋成『實際上沒有任何增加』。即使只是受到低到中等的劑量，仍可預期相對罹癌風險會有小幅增加。雖然可以想見，流行病學研究很難確認這樣的風險，但隨著大量個體遭受曝露，未來的確可能導致罹患輻射相關癌症的人數大量增加。」

2010 年，歐洲幾個研究機構聯合啟動了名為「DoReMi」的重要計畫，表達低劑量游離輻射的健康風險。但 Cardis 承認，最終這個研究仍然難以撼動當前的 ICRP 標準。箇中原因，我們大概可以從 Cardis 先前的說法來推測：一部分是制度上的原因，由於研究機構長期以來與核能工業關係緊密，就像法國國家輻射防護與核能安全院；另一部分則如同前文簡要揭示的，是因為流行病學調查方法本身的限制。

NHK（日本放送協會）曾製作一部調查性質的紀錄片，記錄了 2011 年十月 ICRP 的一場會議上，關於低劑量輻射的爭議。他們成功地訪問到 Charles Meinhold（ICRP 的榮譽委員），他在家接受訪談並且承認，就在 1990 要提出那個 ICRP 建議值之際，面對來自核能工業與美國能源部的雙重壓力，ICRP 委員會內部有過激烈的討論：

> 「我遭遇的困難之一，是核能工業裡工作的人希望調高輻射防護的上限，⋯⋯，我們說工人的風險比較小，因為他們並非小孩或老人，但是我們其實沒

能源科技的健康爭議

187

有相關數據[13]。」

　　這部紀錄片也質疑 ICRP 的獨立自主性，因為 ICRP 的贊助商是來自南美、歐洲以及日本的核能公司。2012 年 1 月 12 日 NHK 收到來自一百一十名日本主要核能公司經理人的抗議信，其中七十名已經退休，也沒有任何一位是 ICRP 成員[14]。他們用威脅的語氣譴責 NHK 採用偏頗的採訪，也指控 NHK 錯誤詮釋對 ICRP 現任高層訪談的某些段落。然而，他們並未提供任何實質證據可以反駁 Charles Meinhold 的證詞，這些證詞和前述他對於 ICRP 建議值的評論是一致的[15]。這也符合長瀧的說法：這些建議值沒有任何流行病學的科學基礎。

六、結論：核電勞動的倫理問題

　　福島核災的災後處置和核安政策的變動，不能僅僅從日本境內的脈絡來理解，而應該被視為低劑量輻射全球性爭議的一部分。我嘗試透過前文呈現日本境內爭議的一些重點，並說明日本政府明顯前後不一的立場，主要是來自輻射防護的國際主流典範與該典範對流行病學的仰賴。從 STS 的角度來看，3.11之後這種專家與公民的「混合論壇」（hybrid forum）（Callon et al，2009），勢必重新掀起長達五十年來的相關爭議，包括低劑量曝露可能造成的癌症與非癌症疾病，更不用說還有那些

13〈追跡真相ファイル〉，NHK，2011 年 12 月 26 日。

14 NHK 的回答刊登於《東京新聞》，2012 年 2 月 1 日。

15 Charles Meinnhold, "View Commentitem; ICRP 2005 Recommendation."

科學家仍舊難以解釋的基因突變現象（Møller，2012）。對於3.11後的日本以及福島居民來說，令人悲傷的諷刺是，現行的主流輻射防護模型主要依然是依據廣島、長崎的遺害，而並未考慮自車諾比核災經驗中所獲得的新知識。這是雙重的諷刺：一來，這個模型讓人想到戰後日本的創傷；二來，它是基於原子彈的初試而不是第一次「七級」核災。WHO／IARC已經做出得以挑戰既有模型的結論，但卻被UNSCEAR自身所忽略，ICRP的管理委員會亦同樣視而不見（儘管3.11之後委員會內部曾有歧見出現）。

當我們在檢視運轉中的核能爭議時，都必須處理資料來源不完全可信的問題。與大眾溝通的責任迫使科學家過度簡化他們的結論，因為科學的推論過程通常複雜而不易解釋。「核電官僚」以強烈偏袒核電工業的立場持續遊說，已經引起反核批評的基進化，尤其是在三哩島、車諾比、福島事件之後。因此，若要觀察正在進行的爭議，社會科學家與記者必須對付不論是有意或是無意編織的謊言與似是而非的解釋，以及一些隨之而來不論是有意或是無意間製造的謎團。另一方面，社會學家必須接受自身能力有限，難以掌握複雜的流行病學調查的各種條件，諸如需要累積大量的世代群與跨越極長時段的統計資料。然而，這些研究方法的條件，不應該阻礙社會學家大膽提出某些基本問題，例如：為何流行病學成為輻射防護標準的主要參考對象？為何我們必須等待遭受人為災害犧牲者（如廣島與長崎、車諾比、福島）的人類世代群出現才能研擬防範措施？就此而言，流行病學看起來反而更像是解剖學。罹病率會是較好的指標，不過，迄今為止，大部分國家（包括日本）都缺少國家級的癌症紀錄。對於探究低劑量輻射對於人體健康的影響而言，為何不給予動物實驗與毒物學更多關注，讓它們作為一種

積極預防的工具？[16] 透過這些問題，應用於福島第一核電廠與福島縣除污工人的勞工史與勞動社會學，或許可以為爭議帶來重大貢獻。結合勞動社會學與 STS 的進路，未來的研究將不再限於描述性分析（這也是本文的限制）或者繁複的理論探索，而是大膽提出倫理學（此門已由 Shrader-Frechette（2001）的原創著作打開）與巨觀社會面向的基本問題，超越以數千工人（與居民）為犧牲品的邏輯，同時也避免把工人與居民化約成為流行病學的「世代群」與科學的「資料」。問題不只圍於福島的除污工作，也關乎老舊核能電廠（例如台灣現存的三個）的除役，更不用說那些日復一日的維修操作。對於選擇繼續核能發電計畫的國家，例如法國和中國，這是尚待省思和解決一大課題。

---

16 關於此一問題，請見另一個工業污染的案例研究。（Jobin & Tseng，2014）

謝辭：關於 2002 年以及 3.11 後在日本的田野調查，我深切感謝下列人士：渡邊美紀子、古谷杉郎、片岡明彥、鎌田慧、樋口健二、石丸小四郎，以及一切不怕麻煩接受訪問的人，尤其是受到廠方管理部門施壓的核電廠工人。感謝小宮有紀子和 Luc Chasseriaud 兩位，謄寫了以日文、法文或英文進行的訪談。Gabrielle Hecht、松本三和夫、鈴木玲和 Charles Perrow 等教授在 2012 年科學社會研究學會（4S）年會中閱讀本文第一份初稿。同時也非常感謝 Atsushi Akera、Scott Knowles 以及 2013 年五月在加州大學柏克萊分校舉辦的「福島與東日本災害」STS 論壇的所有與會者。感謝鈴木玲、平野敏與飯田勝泰，他們亦針對本文初稿的日文版給予了許多寶貴建議。本文日文版有幸由大原社會問題研究所期刊翻譯和出版（658 號，2013 年 8 月）。最後，感謝 Rebecca Fite 對本文前後不同版本所做的編輯和校閱工作，也感謝洪靖優秀的翻譯，林宗德與彭仁郁的校閱。如文中仍有錯漏或不明之處，皆屬作者疏忽，應由本人負全責。

能源科技的健康爭議

教學工具箱

引用文獻：

中文：

彭保羅（2011），〈核電員工裡的隱形人：日、
　　台包工的見證〉，見劉黎兒等，《核電員工
　　最後遺言》。台北：推守文化，頁 140-162。

鈴木智　（2013），《黑道與核電：福島第一核
　　電廠潛入記》。台北：大牌出版。（日文原版：
　　文芸春秋，2011）

日文：

小出裕章、黒部信一（2011）《原発放射能子供
　　が危ない》。文春新書。

布施祐二（2012），〈東電は労働者を使い捨て
　　るのか〉，《世界》2 月号，頁 101-111。

全金大阪地元対策部（1982），《原発で働けと
　　言われて》。全金。

長瀧重信（2012），《原子力災害に学ぶ放射線
　　の健康影響とその対策》。丸善。

高木和美（1988），〈迷路を語る原発日雇い
　　働者〉，《賃金と社会保障》993: 66-74。

―――（1990），〈原発日雇い労働者の医療保
　　障問題〉，《地域を考える》。日本科学者
　　会議，頁 441-475。

高橋哲哉（2012），《牲のシステム 福島沖 》。
　　集英社。
海渡雄一（1993），〈29歳で骨髄性白血病に
　　よる死亡原発労働者の貴族が申請〉，《安
　　全センター情報》，93年9月号，頁 2-17。
堀江邦夫（1979），《原発ジプシー》。現代
　　書館。
森江信（1979），《原子炉被曝日記》。技術
　　と人間。
樋口健二（1979），〈原発被曝労働者たちの
　　苦しみの日々〉，《毎日グラフ》（1979.9.2）：
　　26-31。
―――（1981），《闇に消される原発被曝者》。
　　三一書房。
―――（1988），《原発被曝列島》。三一書房。
―――（1996），《原発写真集 1973-1995》。
　　三一書房。
嶋橋美智子（1999），《息子はなぜ白血病で
　　死んだのか》。技術と人間 。
藤田祐幸（1996），《知られざる原発被曝
　　働》。岩波ブックレット。
藤沢正実、樋口健二（1977），〈原発被曝の
　　不安，因果関係を初めて争う岩佐訴訟〉，
　　《朝日グラフ》（1977.11.4）：26-31。

西文：

Akrich, Madeleine, Yannick Barthe and Catherine Rémy (2010). *Sur la piste environnementale. Menaces sanitaires et mobilisations profanes.* Paris: Presses des Mines.

Blokker, Paul and Andrea Brighenti (2011). An interview with Laurent Thévenot: On engagement, critique, commonality, and power. *European Journal of Social Theory* 4: 1–18.

Boltanski, Luc and Laurent Thévenot (2006). *On justification: economies of Worth.* Princeton: Princeton University Press.（法文原版：Paris: Gallimard, 1991）

Boudia, Soraya (2007). Global Regulation: Controlling and Accepting Radioactivity Risks. *History and Technology* 23(4): 389-406.

Brown, Phil (2007). *Toxic Exposures: Contested Illnesses and the Environmental Health Movement.* New York: Columbia University Press.

Busby, Chris (2011). Fukushima Children at Risk of Heart Disease. *The Asia-Pacific Journal,* Vol. 9, 39-4 (26 Sept. 2011). http://japanfocus.org

Busby, Chris and Alexey Yablokov (2006). *Chernobyl: 20 Years On Health Effects of the Chernobyl accident.* Brussels: ECRR.

Callon, Michel, Pierre Lascoumes and Yannick Barthe (2001). *Acting in an Uncertain World: An Essay on Technical Democracy.* Cambridge: MIT Press.（法文原版： Paris: Seuil, 2001）

Callon, Michel (1986). Some Elements of a Sociology of Translation: Domestication of the Scallops and the Fishermen of St Brieuc Bay. In *Power, Action and Belief: A New Sociology of Knowledge*, edited by John Law. London: Routledge & Kegan Paul, pp. 196-233.

Cardis, Elisabeth (2007). Commentary: Low dose-rate exposures to ionizing radiation. *International Journal of Epidemiology* 36: 1046-1047.

Cardis, Elisabeth and Maureen Hatch (2011). The Chernobyl Accident: An Epidemiological Perspective. *Clinical Oncology* 23: 251-260.

Cardis, Elisabeth et al (2005). Risk of Cancer After Low Doses of Ionising Radiation: Retrospective Cohort Study in 15 Countries. *British Medical Journal* 331: doi: 10.1136/bmj.38499.599861.E0

——— (2006). Cancer consequences of the Chernobyl accident: 20 years after. *Journal of Radiological Protection*, (2006)26:1–14.

———(2007). The 15-country collaborative study of cancer risk among radiation workers in the nuclear industry: estimates of radiation-related cancer risks. *Radiation Research* 167 : 396-416.

(The) Chernobyl Forum (2005). *Chernobyl's Legacy: Health, Environmental and Socio-Economic Impacts*. Vienna: AIEA.

Fournier, Pierre (2012). *Travailler dans le nucléaire. Enquête au coeur d'un site à risqué*. Paris: Armand Colin.

能源科技的健康爭議

Frickel, Scott and Kelly Moore, eds. (2006). *The new political sociology of science: institutions, networks, and power*. Madison : University of Wisconsin Press.

Hecht, Gabrielle (1998). *The Radiance of France: Nuclear Power and National Iden-tity after World War II*. Cambridge: MIT Press.

——— (2012). *Being Nuclear: Africans and the Global Uranium Trade*. Cambridge: MIT Press.

——— (2013). Nuclear Janitors: Contract Workers at the Fukushima Reactors and Beyond. T*he Asia-Pacific Journal*. Vol.11, Issue 1, No. 2, January 14, 2013.

Hirschman, Albert (1970). *Exit, Voice, and Loyalty*. Cambridge: Harvard University.

Itō, Kazuyuki and Yosuke Akai (2012). Yakuza labor structure formed base of nuclear industry. *Asahi shinbun*, 2 Feb. 2012.

ICRP (1990). ICRP Publication 60. The New International Commission on Radiological Protection Safety Standards. *Annals of the ICRP*, Vol. 21/1-3.

ICRP (2007). ICRP Publication 103. The 2007 Recommendations of the International Commission on Radiological Protection. *Annals of the ICRP*, Vol. 37/2-4.

Jobin, Paul (2006). *Maladies industrielles et renouveau syndical au Japon*. Paris: EHESS.

———(2011a). The postwar for labour unionism and movements against industrial pollution. In *Japan's Postwar*, edited by Michael Lucken, Anne Bayard-Sakai and Emmanuel Lozerand, 268-282, London: Routledge.（法文原版：Arles: Philippe Picquier, 2007）

———(2011b). Dying for TEPCO? Fukushima nuclear contract workers. *The Asia-Pacific Journal* 9(18/3). http://japanfocus.org

———(2012a). Fukushima ou la 'radioprotection'. Retour sur un terrain interrompu. In *Santé au travail, Approches critiques*, edited by Annie Thébaud-Mony et al, 83-104. Paris: La Découverte.

———(2012b). Fukushima One Year On: Nuclear workers and citizens at risk. *The Asia-Pacific Journal* 10(13/2).

Jobin, Paul and Yu-Hwei Tseng (2014). Guinea Pigs Go to Court: Epidemiology and Class Actions in Taiwan. In *Powerless Science? The Making of the Toxic World in the Twentieth Century*, edited by Soraya Boudia and Nathalie Jas. Oxford: Berghahn.

Keck, Frédéric (2010). Une sentinelle sanitaire aux frontières du vivant. Les experts de la grippe aviaire à Hong Kong. *Terrain* 54: 26-4.

Kesminien, Ausrele and Elisabeth Cardis et al (2008). Risk of Hematological Malignancies among Chernobyl Liquidators. *Radiation Research* 170: 95-108.

Latour, Bruno (2005). *Reassembling the Social: An Introduction to Actor-Network-Theory*. Oxford: Oxford University Press.

——— (2012). *Enquête sur les modes d'existence. Une anthropologie des Modernes*. Paris: La découverte.

Mancuso, Thomas, Alice Stewart and George Kneal (1977). Radiation Exposures of Hanford Workers Dying from Cancer and Other Causes. *Health Physics Journal* 33(5): 369-384.

Møller, A.P., A. Hagiwara, S. Matsui, S. Kasahara, K. Kawatsu, I. Nishiumi, H. Suzuki, K. Ueda, and T.A. Mousseau (2012). Abundance of birds in Fukushima as judged from Chernobyl. *Environmental Pollution* 164:36-39.

Møller, A.P., I. Nishiumi, H. Suzuki, K. Ueda, and T.A. Mousseau (2013). Differences in effects of radiation on abundance of animals in Fukushima and Chernobyl. *Ecological Indicators* 14: 75-81.

Petryna, Adryana (2013). The Origins of Extinction. *Limn* 3: 50-53.

Shrader-Frechette, Kristin (2001). Workplace Pollution: Nuclear Safety, Ethics, and the Exploitation-Avoidance Argument. *Risk: Health, Safety and Environment* 12: 311-334.

Tanaka, Yuki (1997). Nuclear Power Plant Gypsies in High-Tech Society. In *The Other Japan: Conflict, Compromise and Resistance since 1945*, edited by Joe Moore, 251-271. Armonk: Sharpe.

公民能不能？能源科技、政策與民主

Thébaud-Mony, Annie (2011). *Nuclear Servitude: Subcontracting and Health in the French Civil Nuclear Industry.* New York: Baywood.（法文原版：Paris: EDK-INSERM, 2000）

——— (2012). Risques industriels, effets différés et probabilistes: quels critères pour quelle preuve ? In *Santé au travail, Approches critiques*, edited by Annie Thébaud-Mony et al, 22-39. Paris: La découverte.

Thévenot, Laurent (2006). *L'action au pluriel. Sociologie des régimes d'engagement.* Paris: La Découverte.

——— (2009). Governing life by standards: a view from engagements. *Social Studies of Science* 39 (5): 793-813.

UNSCEAR (2011). *Report of the United Nations Scientific Committee on the Effects of Atomic Radiation. Fifty-seventh session, includes Scientific Report: summary of low-doses radiation effects on health.* New York: United Nations.

Yablokov, Alexey, Vassily Nesterenko, Alexey Nesterenko and Janette Sherman-Devinger (2009). *Chernobyl: Consequences of the catastrophe for People and the Environment.* New York Academy of Science.

World Health Organization (2006). *Health Effects of the Chernobyl Accident and Specia Health Care Programs.* Report of the UN Chernobyl Forum Expert Group "Health", Geneva.

能源科技的健康爭議

影片：

《A2-B-C》：2013 年上映，這部紀錄片關注福島核災後兒童甲狀腺異常的現象，以及當地家庭對輻射污染狀況的看法。

延伸閱讀：

平井憲夫、劉黎兒、菊地洋一、彭保羅等（2011），
　　《核電員工最後遺言》。台北：推守文化。

太田康介（2012），《被遺忘的動物們：日本福島第一核電廠警戒區紀實》。台北：行人。

能源、
適當科技與
公民參與

范玫芳

　　在面對全球在地化風險與急遽的環境變遷挑戰時，傳統官僚組織家父長式的控制體系，以及高度倚賴技術專家的風險管理模式，已無法因應「災難常態化」的問題及能源危機。貝克在《風險社會》一書中指出，工業現代化中的政治機制並無法化解風險的衝擊，將產生「政治內爆」，解構既有的國家、社會和個人的關係，使得一切的政治皆須重整。風險社會中的「政治內爆」將使國家失去其統合的能力，而個人則會覺醒地進行自我改造，由個人行動團結形成公民社會力量，以對抗全球化風險結構。此種直接面對危機，進而起而行動的反身性政治，是「由下往上」的政治實踐。人們進行自身對風險問題的認識、溝通和參與，團結成為公民社會團體，促使風險結構發生轉變（Beck，1992；周桂田，2000）。面對當前能源科技爭議與政策發展分歧，諸多人民與團體意識到能源議題之重要性以及不適當科技所造成的危害，紛紛積極採取行動，並激發出許多對於官方能源發展的對抗性論述與倡議，展現出一股公民社會力量的復興。

　　早在 1973 年出現第一次石油危機時，許多國家紛紛反思環境資源有限與能源耗竭的問題，而開始投入發展各種新能源形式。適當科技運動也在當時逐漸興起。經濟學者 E. F. Schumacher 在 1973 年《小即是美》一書中檢討二戰後世界

經濟發展不均衡的狀態，認為已開發國家的尖端科技未必能符合發展中國家的需求。Schumacher 主張的「中級科技」（intermediary technology），追求小規模、環保、勞力密集、在地社區能夠掌握、簡單並可以自行維護的科技，以藉助在地的資源，自主發展出符合在地特色的科技與永續發展。

本單元所收錄的三篇文章，皆展現出公民行動與創新的無限可能，並在不同程度上體現了適當科技所強調的「因地制宜」以及提供另一種選擇之特點。第一篇收錄胡湘玲博士探討能源自主可能性之經典演講，從德國改造房屋隔熱節能、到九二一地震災後在潭南、白俄以及印尼災後的協力造屋行動，帶領讀者到世界各地探索能源與建築、日常生活與身體之間的關係，以及不同的生活形式與其他的發電與節能方式。文中強調太陽光電是種「民主」的發電方式，並說明提升公民能源知識與強化能源教育之重要性。透過介紹德國推動再生能源的經驗、每家戶裝置太陽能發電的作法，以及被動和主動利用太陽能的方式與太陽房子的示範計畫，讓讀者對台灣未來能源利用有更多的想像。

第二篇陳信行教授的經典演講，不僅詳細地介紹了適當科技的概念，更帶領讀者一齊進入實驗室式的社會研究與實作，進而嘗試構思出符合當前台灣社會的適當科技。文中生動地呈現永和、貓空與立全社區的小風車設置計畫過程與過程中所遭遇到的困難，主張適當科技的「適當性」必須以實際的經驗研究為基礎，從實作中發現問題並試圖解決，包括國民教育問題、「基本教義派」適當科技問題，以及傳統工藝問題。文中同時介紹了適當科技的多元實踐形式及其相關的重要科技社會意涵，例如謝英俊建築師團隊透過協力造屋行動整合家屋重

建、社區重建與就業重建。

　　第三篇收錄陳惠萍博士屏東地區「養水種電」的個案，深入檢視科技使用的社會脈絡與技術細節，細膩地呈現出台灣太陽光電發展的本土發展與問題。在養水種電案例中，為了適應災區土地以及國土復育之目的，使得科技的發展在使用的過程仍然可能帶來科技創新設計。地方農漁民參與創新、號召動員以及主動發聲的常民經驗，都展現出了使用者參與科技的可能性，以及科技與社會彼此的相互形構歷程。

　　台灣的民間團體也在日本福島核災後持續累積社會運動能量。綠盟等民間團體積極投入研究國內外核能與能源議題，積極籌辦多次研討會與倡議行動，監督能源相關政策，倡議更民主與適當的能源科技。除了環保團體推動的低碳社區與住屋節能行動外，許多家庭主婦也熱切響應並支持「瘋綠電行動聯盟」的訴求，主張民眾應擁有購買乾淨安全綠色電力的選擇權利，試圖挑戰長期以來台灣能源與電力政策的集權與壟斷現象。歐美與澳洲等國已推行多年，讓有意願購買綠色電力的消費者，可與電力公司簽約，自行選擇固定比例的電力來自再生能源，以促進綠色電力的發展。反核團體更提出了「用電成長歸零」的根本解決方向，強調台灣並不需要更多電力，即使關閉所有核電廠台灣也不會缺電。近年來，許多社區積極推動節能，展現實作上住戶的行動可以使住宅用電量達到負成長。

　　晚近歐美環境運動紛紛提倡將消費與環境公民身份（citizenship）概念整合，主張人民不只扮演消費者的角色，有獲得資訊與自由選擇的權利，人民更有責任在消費時，思考其消費行為的後果與意涵，試圖轉變為以影響政策為目標而涉入政治事務的科技公民，成為關心公共事務的行動社群。本單

元收錄的三篇文章指出未來將是小而美的微型電廠取代集中式大型電廠的時代，使得讀者能進一步反思綠色能源與科技政策民主化實踐的可能，以及公民行動所能帶來的轉變與新契機。

參考書目：

周桂田（2000），〈風險社會之政治實踐〉。《當代雜誌》，154 期，頁 36-49。

Beck, Ulrich (1992). *Risk Society: Towards a New Modernity*. London: Sage.

Schumacher, E. F.，李華夏譯（2000），《小即是美》。台北：立緒。

能源、適當科技與公民參與

能源自主，公民如何可能？

胡湘玲

> 本文改寫自汗得學社胡湘玲博士 2013 年在交通大學的演講。作者從德國古蹟建築的節能議題、德國太陽光電發展，以及協力造屋的經驗，討論人們如何可能在生活中，將環保節能的意識，轉化成知識與具體行動。能源的知識與實踐，涉及對能源效率與再生能源的了解，但作者也指出，打造這樣的「能源未來」，尚須培養對周遭事物的歷史感。另一方面，我們也當理解能源未來是眾人之事，在實踐有效使用能源的過程中，我們其實也是在嘗試打造新的公民社會。（編者）

一、核能意識與能源知識

核能近來成為台灣熱門的議題。從 1990 年代初期到現在，核能的使用與否一直是社會運動或政治角力的題目。究竟「知識」在核能意識的覺知上，扮演什麼樣的角色？我們是否應該對核能有足夠的了解，或者對能源有較多的認識，才有辦法，或者才應該在「是否使用核能」這個議題上發言呢？

回答這個問題並不容易。我們可以從過去二十多年來，諸多針對核能議題的社會論述中獲得靈感。不管是從社會運動、從政策、從所謂核能專業或者是生活面向的論述，我們所接收到的，似乎都是改變不大的論點、一貫堅持的立場，以及從其

中發展出來的所謂解決方式。從林俊義先生的「反核就是反獨裁」，到現在引領大家反核神經的「我是人，我反核」，主導核能意識覺知的，是對政策具有發言權，對政治可採反對態度的意識實踐。從 1980 年代末、1990 年代初到今天，二十多年來的運動、辯論、政黨更迭與世代交替，不管擁核或反核，引領風騷的人換了，時間不留情面地過去了，但這些對我們共同的能源未來，帶來什麼樣的貢獻？核能意識是否帶來些決定未來或創造未來的想像與實踐？這是核能議題到今天，我們要誠實面對這二十多年來的「討論」，必須意識到的問題。

在台灣，絕大部分的人經過環境運動的啟蒙，都已經非常有環境「意識」，但不必然有環境「知識」。在能源的議題上，我們可能已具備足夠的核能意識，卻還沒有能源意識，也就是尚末意識到能源供給是迫切需要解決的問題。在有了這個問題意識之後，在探求解決問題的方法時，能源知識便在了解、判斷與做決定的實踐過程中，產生出來。於是，我們可以在核能議題、反核運動進行二十多年後的今天思考一下，公民社會具備了多少能源知識來解決不使用核能後的能源未來呢？

我們通常會認為，人們之所以不贊成使用核能發電，是因為會造成環境的災害與問題。可是環境的災害與問題到底是如何產生的呢？是核能發電從一開始就有災害嗎？先來看一下盧卡奇（György Lucács）怎麼說的。他說：「自然是一個社會範疇，自然與人類的關係，自然呈現的形式、內涵與範圍，以及自然的意義，都是由社會所決定。」因為我們對自然的概念跟認知，限定在所屬的社會與文化條件，以及所擁有的科學知識上，這也實際影響人類與自然相處的方式與關係。

二、能源的效率革命

核能使用，的確有可能帶來非常大、令我們無法承擔的後果。是否要使用核能，是一個面對世界的選擇，後果要大家來承擔。但是在每天的生活中，我們也在承擔所有由生活所產生的環境問題，這是在面對能源問題時，必須要有意識與覺知的。環境問題已經不再是工業意外所導致，我們要面對的，是諸多近在身邊的環境問題。在工業革命之後，從消費、從生產，都在製造危機。交通就有運送的危機，而消費的同時也購買了危機。而電力生產在所有產業的生產過程裡面，對環境造成最大的影響。

在此，我想提出一個「效率革命」的觀點。當生產、製造所有日常用品時，浪費掉大量的自然資源，這會造成嚴重的環境問題。我們用以生產的自然資源中，只有 7% 轉換成在市場銷售的成品；而在這 7% 的資源中，又有 80% 的資源使用過一次後就被丟棄，剩下的 20% 則經常還沒有達到產品使用期限就被丟棄。所以在資源、能源上的浪費，實際上非常巨大。在生產、購買、運輸的時候，環境問題就一直圍繞在身邊。因此，問題在於我們有沒有知覺到這件事情正在發生。

一般民眾其實並不清楚核能發電可能會帶來什麼樣的危機，在民國六十九年，也就是西元 1980 年，行政院就已經決定要蓋核四廠。但是，那個時候沒有所謂的「核四問題」，因為核能可能帶來的災害，還沒有在這個社會上被意識到。所以，核四是不是一個問題，關係到我們所擁有的科學知識，以及我們用什麼樣的科學眼光來看待世界。所以在 1980 年代，甚至在 1990 年代初，社會上不會有核四議題，也不會有核能問題。社會問題絕對不是自己跑出來的，意識到「貧窮」對生

活帶來影響的時候，才會知道有貧窮的問題。我什麼時候知道有所謂的老年問題？就在當我老了，意識到我的老年生活不知道會怎麼樣，便會意識到老年問題。因此問題並沒有所謂「客觀」的存在，而是問題怎樣被人意識到。

前面提到 7% 的轉換，以及其中 80%、20% 的丟棄，這是一個非常浪費的過程。很多人在家不開冷氣，我們的確很感謝他們認識到自然資源被破壞的現實。但跟大家強調「能源效率」的觀念、強調公民能源自主，是希望大家可以放心安心有效率地開冷氣，放心安心地過舒適的生活，能夠了解「就算我這樣過日子，我也不會對環境造成迫害」。這就是所謂的「效率革命」。

效率革命的節約能源，不等於縮衣節食、放棄享樂、夏天不開冷氣，而是透過新科技、新投資、新政策與規劃，達到既環保又舒適的生活。這是聰明的能源使用。但如何才能聰明地使用能源呢？

我長期在德國生活與工作，2000 年是德國能源政策關鍵的一年。一個政策的廣告看板讓我印象深刻，也讓我對生活與能源產生了直接的關連。大型看板上是一片漆黑，只看得到兩隻眼睛。畫面上的文字是小朋友的提問：「媽媽，為什麼我的世界是黑的？」──這是因為，沒有了能源。能源的存在與供給，不是理所當然，不是永無匱乏。

也許有人看過《長路》（*The Road*）這本書。在這本書裡，父親帶著他的孩子，要從美國的內陸走到海邊，因為太陽被遮沒了，沒有了太陽，就沒有能源了，沒有了能源，什麼東西都沒有了。難道是到了這一天，世界末日才到了嗎？我們一直在觀望 2012 年的 12 月 22 日，結果發現，「世界末日」沒有來。

「世界末日」真的是在一瞬間爆發的嗎？看了《長路》這本書，世界末日是一個漫漫延續的結果。書裡的父親想要帶他的孩子走到海邊，去看看有沒有太陽。有太陽代表還有希望，有太陽代表還有能源。如果太陽穿不過雲層，就代表我們不再有未來了。

三、老房子的能源議題

所以「能源未來」指的是什麼呢？一定包括兩件事情——「再生能源」以及「有效使用能源」。光是再生能源並不足以構成未來，不足以讓能源有效使用。我在德國多年，每天翻開報紙，打開收音機，跟鄰居聊天時，每個人都在互問，「你們家的隔熱做得好不好，能源使用有多聰明？」

我家的房子（圖1）是一棟一百七十歲的老房子，興建於1843年，1997年被指定為生活古蹟。這棟黏土木架屋的興建，是在一個沒有電，沒有化石燃料，也沒有大卡車的時代，所以，這些橡木是從我家院子或是鄰居家的院子鋸下來的。在沒有電力的時代，沒有電動工具，所以是用手、用斧頭來砍樹，砍下來的圓材（因為樹幹是圓的）要加工成方材來使用，因為在歐洲，蓋房子都是用方材，一定會把圓圓的樹幹鋸成方的。大家想想看，用斧頭把樹砍下來之後，木頭放平，在沒有電力的時候，如何把木頭鋸成方材？通常就是拿一把非常大的鋸子，你拉一邊我拉一邊，然後慢慢鋸下去，靠著人力把房子蓋起來。

歷史感是從我們的身體、從使用的東西所建立起來。我之所以買這棟房子，正是因為它的歷史感讓我感動。這棟房子經過五個時期的建造，從沒有電力的1843年，一直持續興建

圖1：德國的老房子

到現在。我們買這房子的同時，當地的文史專家做了關於這棟房子非常多的研究，他掀開屋頂、挖開地層，根據不同時期使用不同的材料，看到不同的編號，告訴我們這房子經過幾次整修。這個就是歷史感。它是古蹟建築，是活古蹟。我買這棟房子的時候是在 2001 年，德國的古蹟官要求每棟古蹟都要留下歷史紀錄（因為不曉得房子賣給別人以後會怎樣處理），這是所謂的科學記錄。之後在做研究的時候，把這些科學記錄保存下來，就可以再做後續研究。這就是我們在生活中、在科學研究中會碰到的一種累積性：如果沒有這樣的東西，就沒有辦法回歸歷史，找到未來生活發展的依據。

再來看一下房子裡的老廁所（圖2），就在雞舍旁邊。台灣三合院也是一樣情況，人跟牲畜要住在一起。為什麼呢？因為冬天很冷，所以要靠牲畜的體溫才有辦法生活下去。像這樣的房子，開窗都會很小，這樣能源就不會散失。因此所有的設計都與生活緊密結合。這樣的廁所，德語叫 Plumpsklo，klo 是廁所的意思，至於 plumps，則是「撲通」掉下去的聲音。

在德國、中歐、東歐到南歐很多地方，都會使用木條編成

圖2：老房子的廁所

的牆。在這種牆的正面或背面塗上泥巴，就成了室內隔間牆，有時甚至拿來做外牆。若大家去歐洲旅行就會看到非常多這類建築。事實上，過去在台灣也是這樣，比較有錢的人家會用黑糖糯米，比較窮的就用牛糞來做成竹編泥牆。

我剛搬進這棟老屋子時，我家樓上山牆的部分鋪有非常厚的麥稈，放了四十年，堆得比我還高。我們剛搬進去的第一件事，就是想把這些麥稈全部清除掉。但是四十年的麥稈，馬是不吃的（馬愛吃新鮮的麥稈）。剛好那時是春天，接近復活節，為了迎接春的女神到來，每個鄉鎮義消都會辦非常大的營火晚會。於是我就請義消把這些麥稈全部搬走。沒想到搬走後的情況非常慘烈。原來，放麥稈旁的牆是山牆，面向北邊。當初蓋農舍時，為了保持通風，山牆是用木頭拼搭起來的，所以冬天就會有風吹進來。而我們住的地方其實就在正下方。四十年的麥稈絕對不會無緣無故存在於那邊。這些麥稈其實是拿來隔熱用的，理由很簡單，就像開冷氣或暖氣的時候，不會把門打開。

隔熱若沒有做好，一旦開冷氣，冷氣會往上、往旁邊、往下面跑。所以一棟房子若有三、四層樓，二樓通常會最舒適、最不耗費能源，最可以節省電費。如果住在頂樓，開空調時若沒有做好隔熱，不管是冷氣或暖氣，都會從那裡散失。因此，搬家那一年，我第一次感覺到能源效率的重要。

順帶說一下，我之前讀清大中語系，然後念了歷史所科技史組。我做的碩士論文與博士論文都跟核能議題相關，研究過社會運動、全球核能政策，以及社會運動會對他們的政策造成什麼樣的影響。1999 年的時候，我在德國拿到學位，念的是科技社會學。這類的能源題目，一直都是我的研究項目，但它卻不是生活的一部分。直到搬到這樣的房子後，才發現，一旦把四十年的麥稈移走，那年冬天，我的暖氣不管開得再強，房子裡還是很冷。另外，還有一件很有趣的事情。我的房間開了暖氣，因為隔熱沒有做好，所以上面那層也很暖。因此半夜我常無法好好睡覺，因為會聽到動物在上頭「砰砰砰」地開運動會。為什麼？因為動物也要取暖。這是隔熱沒有做好所造成的，也是我從生活得到的小小教訓。

在我家，朝南的窗戶都是用雙層隔熱玻璃。我們在討論材料的熱傳導性質時，常談到「U 值」（U-value）。所謂的 U 值，或者熱傳導係數，指的是當室內外溫差一度時，每平方公尺建材所散逸的熱量（以「瓦」為單位），U 值越大，代表散逸的熱量越多。現在一般窗戶，或是台灣一般的單層玻璃，它的 U 值是 5.8，也就是當內外溫差一度的時候，每平方公尺會散逸 5.8 瓦的熱量。如果現在室外溫度 38 度，而室內冷氣開到 18 度，室內外溫差 20 度，那麼每平方公尺散逸的熱量就是 20 乘以 5.8，超過 100 瓦。在台灣，我們至今仍使用單層窗戶當建材。屋頂沒有隔熱，又用單層窗戶，開冷氣時，等於是冷氣統統往外跑，就像是在一頂帳篷裡頭開冷氣、暖氣。

德國在 1976 年的時候就有節能法規，要求每一棟房子都一定要做好隔熱，法規並且規定每年每平方公尺可以使用的能源。從 2009 年開始，德國政府更要求買賣或是出租任何房屋

時，都要提供「能源護照」（energy pass）。因為我們不僅買房子，房子的後續使用都有成本。當大家去租屋時，可能會想：「這房子看起來不錯，很便宜！」可是如果這間房子某些環節沒有做好，以後要負擔的冷氣、暖氣費用，會非常龐大。

從這件事也可以看出，在學校學習科學，乃至離開學校過生活，能源效率的問題都是要注意的事情。

四、一起動手蓋房子

在整修我家古蹟房子的過程中，受到非常多朋友的幫忙，後來，我聽到一則故事。在第一次世界大戰的時候，德國人非常貧窮，大部分的人沒有自己的房子可以住，很多人要共用一間房子。這造成空氣不流通，然後就有黴菌產生，甚至很多人生病。那時候他們就在想，如何蓋起自己的房子？後來他們搭起一種從北非傳去的房子。這種房子其實非常簡單，就是挖一個大洞，挖洞就會有很多粘土，大家拿來做粘土麵包磚，在粘土麵包還沒有全乾的時候，就把屋牆堆起來。如此便可蓋起自己的房子了。

這則故事特別有意義之處在於，房子不是由一個人來蓋，而是大家相約一起蓋房子。今天你幫我蓋了，明天我可以幫你蓋。家中沒有壯丁沒關係，要蓋這種房子，男女老少都適合，年紀大或小都可以做，甚至身體強壯的，可以幫助身體弱小的、有殘疾的。這就是協力造屋，以人與人、人與自然、人與工法的連結來協力完成。這世界上可以 D.I.Y.，完全靠一己之力可以完成的事情非常少，絕大部分的事情都要協力合作才能完成。甚至心情不好的時候，有人會來支持，告訴我們要撐下

去。這叫做 D.I.O.（Do it ourselves），我們一起來做。

德國有一句諺語：「Es gibt nicht gutes, nur wenn man tut es.」，意思是「從來沒有好事情，除非有人做了好事情。」事情是做出來的，光是「知道」還不夠，還要有人把它做出來。同樣地，社會問題不會自己出現，一定是被意識出來的。不知道就算了，可是一旦我知道可以做的話，就去把它做出來，這才會是好事情存在的理由。

在整修一百七十歲老房子的過程中，因為得到太多朋友的幫忙，再加上其中的歷史感與科技（老的科技可以創造新的生活，新的科技更可以創造我們的未來），所以我就和很多德國朋友在德國成立一個叫做「汗得學社」的組織。汗得學社是四個德文字（也是英文字）的縮寫——H.A.N.D.，也就是「手」。H 代表 Humanity，人道；A 代表 Alternatives，另類可能；N 代表 Nature，自然；D 代表 Dialogue，對話。所以「汗得」的意思，就是透過對話與雙手，實踐人道的、另類可能的、以及與自然和解的生活方式。記住，我們用的是雙手：「汗」是「流汗」，「得」是「得到」，流汗必有所得，我們相信任何一個願意用手去實踐、付出的人，一定會有所得。

汗得學社在過去幾年做了一些事情，我簡短向大家介紹一下。在 2003 年的時候，當時距 921 地震已經四年了，我們在潭南（位於日月潭以南）協力造屋。起因是這樣的：2002 年時我接到一個消息，說是埔里的組合屋要拆了。九二一地震後，埔里蓋了很多組合屋，但是幾年過後，沒有房子住的人還是沒有房子住，有房子住的人還是有房子住。一旦拆除了組合屋，比較弱勢、貧

汗得學社網站

窮的人會沒有房子住。原本以為會有很多人去幫助這些人尋覓棲身之所，可是我卻看到一則新聞，說埔里當地因為要拆組合屋了，所以房價就上漲了兩成。這意味著沒有房子住的人就更慘了，明明原本就沒有錢可以租屋、買屋，但組合屋要被拆了，房價竟然還上漲。

所以我找了德國做大木構的匠師協助，並且透過網路發出一張招募志工的信，打算邀集二十人，每人捐出四個星期，週一到週五（週休二日），花四星期蓋一棟房子。當時我原本以為，找二十個人應該很簡單吧，就看有沒有人願意貢獻時間而已！2002 年那一年，台灣的經濟其實頗為低迷，九二一震災時很多事情沒有處理好。我記得那時候我回到清華大學，清大很多老師也參與了九二一地震災後重建事宜。有老師告訴我，這計畫是行不通的！我妹妹那時候念南藝大音像紀錄所，她知道我要做這件事情，便寫了一篇文章，說我離開台灣太久了，不了解台灣的情況，才會試著做這件「傻事情」。

於是我帶著非常忐忑的心情回到德國。在 2002 年底的深夜，我寫了一封信寄給朋友。朋友收到以後又寄給另一個朋友，那時候我們都用電子郵件慢慢寫。結果在一個月內，我收到兩百多位朋友的信，表示都願意做這樣的事情。於是在 2003 年的三月，大夥都有意願捐出一個月的時間到山上去蓋房子。後來為了讓大家都能實踐這樣的理想，或是有這樣的機會，我把整個時間拆開，原本希望大家都去四星期，後來變成有些人去四週，有些人去一週，最後把整件事情做起來。我們蓋的其實是非常簡單的房子，但它不是一棟實驗屋。這房子就像我在德國的房子，不只出現在德國，在台灣、中歐，到處都有。有件事情很重要：若想幫助別人，絕對不能抱持「我來試試這房

公民能不能？能源科技、政策與民主

子是否堪用」。我們一定要向人保證，保證房子一定可用。要對得起自己，也要對得起別人。

我們在潭南蓋了一個月的房子，花了四週的時間，打擾了當地人，但這麼做的同時，也希望可以喚起對一些事情的回憶。其實台灣用水泥蓋房子這件事，不過是五六十年來的事情。對年輕人來說，一出生房子就是用鋼筋水泥造的。但是就我這年紀的人來說，可不是一出生就有衛生紙或洗髮精。很多事都受時間影響，我們不知道一些事，並不是因為這些事不存在，只不過是我們不知道。我們必須了解過去歷史的意義，所以蓋這樣一棟房子，一棟經歷歷史淘選過而留存下來的，有保證的房子。這是我們大家可以做的。

潭南這棟房子的木結構，全部都是沒有經過專業訓練的志工做起來的。有人說這跟以前的「土角厝」很像，因為兩者都摻有黏土。不同點在於，土角厝其實沒有結構，但這棟房子的木結構堅固有彈性。如果發生地震，因為木頭的彈性，具有防震的效果。我們這一代從小到大，一直被要求處事「堅強」，用強的材料、強的個性、強的應對方式，克服外在所有的困難。所以我們用鋼筋水泥克服一生的困難。可是現在，當我看到科技發展的現況，或是自我認知的改變，我體會到其實很多時候，我們要用軟的材料、態度、生活方式，才有辦法應對在外的挑戰。但話說回來，外在挑戰並不是最大的，問題在於如何克服來自自身內在的壓力。「軟」不只是在建材、還有看待自己的生活方式。此外，黏土木屑的功用在於把空氣保留在磚塊裡，而靜置的空氣才有隔熱效果。

2003 年，我們也到白俄車諾比核災移民生活的所在地。車諾比核災發生後，輻射雲層就往白俄和烏克蘭的方向飄去。

當地人的生活籠罩在輻射陰影下，輻射也對其生活造成頗大影響。因此當地人必須找到一塊新的乾淨土地，重新展開人生。所以很多烏克蘭、白俄的朋友，就往比較北邊或是西邊的地方遷移。遷移的過程中，一群德國志工，每年暑假花了三個星期的時間，與當地人一起蓋房子（而不是「幫忙」他們蓋房子）。這也是一種 D.I.O 協力造屋的方式，出於人道的理由，而不見得是以人道為目的：因為參與者後來發現，其實真正去蓋房子的志工，才是在此實踐過程中得到最多的人。

2006 年的時候我們到印尼的亞齊。2004 年 12 月聖誕節發生南亞大海嘯，因為紅十字會的邀請到蘇門答臘島。就地理來說，印尼離台灣滿近的，但我要到蘇門答臘島西北端的亞齊，卻要花上許多時間——整整兩天！因為從台灣到亞齊，要先在新加坡轉機，得等上十二個小時。之後再到印尼的大城市棉蘭。我們必須在棉蘭過夜，才能再換飛機到亞齊。到亞齊之後，我才知道身處文明社會的幸福與便利，不是理所當然。在亞齊，我們花了一個月的時間蓋四棟房子，其中大部分的志工都是女性（十三名志工中有九名女性）。

蓋房子的過程中，許多朋友問：「為什麼要蓋房子？」前面我提到一些協力造屋的案例，提到房屋隔熱的問題，提到在沒有電力的時代如何造屋的事情。這些與能源自主有什麼關係呢？除了人力本身就是一種再生能源外，前面提到的科技都是舊科技，這些都不是我們在大學裡學到的。即使我念的是科技社會學，也只有在面對這些科技的時候，才知道這些科技所指涉的究竟是什麼東西。CNN 有一則廣告，裡頭提到「you are what you know」，你知道什麼樣的事情，決定你是怎樣的人；我在德國的時候，還聽到另一句話：「you see what you know」，當你不知道的時候，其實看不到周遭的事物。比如說，我家附近其實有許多與我家類似的桁架屋（編註：Fachwerkhaus，以磚石與木構造混合搭配的建築結構方式），但在買那棟房子之前，我其實從來沒有注意到那些房子的存在，一直要到買了房子之後，知道有這種類型房子存在以後，我才發現到處都有這樣的房子。當我知道有別的生活方式的時候，才會看到別的生活方式。當我知道有其他發電或節能的方式，才會意識到能源使用的問題。

　　我請大家想想，房子的窗戶為什麼而存在？除了採光、美觀，窗戶還讓人得以從裡面看到外面，讓光線可以透進屋內。窗戶讓內外有穿透感，並看到外面的景色。所以窗戶不是為了遮上窗簾用的。前面提過，使用單層窗戶，每平方公尺內外絕對溫度差一度的情況下，會有 5.8 瓦的熱量散失。有多少熱量從屋牆、窗戶、屋頂散失呢？我們開的冷氣，有多少是浪費掉的？也像前面提到的，我們的資源只有 7% 做成產品，其中的八成只使用一次就被丟棄，另外的兩成則是未達使用期限便被丟棄。這是一種笨蛋的生活方式。但不是我們不做，而是不知道，「you see what you know」。國父曾說過「知難行易」，其實要做的事情很簡單，但是要知道事情卻不容易。一旦我們知道了，就可以做到。

五、混合式的能源供應，民主的發電方式

　　回過頭來談「汗得」。汗得學社的顏色是橘紅色，代表太陽，因為太陽是我們最初跟最後的能源。一旦沒有太陽，就沒有能源，太陽掌控我們的生死。現在很多人反對核能，彷彿大家一出生就都認為核能罪該萬死。但是能源的觀念就好像營養

觀。大家應該都喝過波蜜果菜汁，瓶罐上會有圓餅圖，告訴大家每天應該攝取什麼樣的營養。隨著年紀、時代不同，營養觀一直在改變。例如現在有很多人主張不吃澱粉來保持身材，例如我們曾經認為要吃很多蛋白質來維持健康，但現在又有主張不要吃那麼多肉。一樣的，能源觀也一直在改變。但情況絕對不會是，光吃澱粉或只吃微量元素就可過活。能源也是如此。能源供應是一種混合式的供應形式。究竟該不該用核能？可以用到什麼程度？究竟太陽光電能不能取代核能？這些問題都要放在一起來思考與計算。

在討論再生能源的時候，我們不該專注於太多現在還在發展或研發中的能源形式，而是應當更注意那些已可利用或可商業運轉的發電方式，包括生質能、地熱、太陽能、風力等。這些是目前普遍認可的再生能源。從理論蘊藏量來看，地熱最有潛力，但如果考慮技術可行性，太陽能則是蘊藏量最高的發電方式。但就目前現況來說，再生能源開採量仍非常少。無論如何，談論再生能源時，絕對不要只談一種再生能源，所有再生能源以及化石燃料都要一起考量。這是討論能源的基本觀念。

理論來說，在一塊七百公里乘以七百公里的土地上裝設太陽能光電，就足以供應全世界的電能（注意是電能，不是熱能）。四十九萬平方公里的土地，大約 13.5 個台灣大，聽起來很大，從世界地圖上來看就覺得不大。然而，造這樣的太陽光電裝置，不僅風險大，成本也很大。所有的電，無論來自怎樣的發電方式，都要拉進電網才能使用。即便能做到完全集中的發電方式，我們也不會這樣做。

德國在 2000 年通過《再生能源法》，當中規範發電業者以躉售費率方式收購用戶回饋的再生能源。舉例來說，2000 年

時，德國一度電大概要新台幣 6 ～ 7 元，但如果我把太陽光電賣給電力公司，價格大概是新台幣 20 元。德國政府這麼做是為了鼓勵民眾裝設太陽光電，儘管轉換率不高，但太陽光電是一種不需要燃料的發電方式。於是我們就可以看到如圖 3 太陽能光電板和綿羊在一起的場景。何以如此？許多人認為德國人很重視環保，但其實德國人也很重視錢包。把太陽能板放在牧場，牽涉到效益問題。如果太陽能板放在牧場、草地上，光線被遮蔽，會影響發電效益。這時大家就想，是否要僱人拿割草機除草呢？但這麼一來，就要再算上人工費用和汽油費用了。於是經過思考後，大家就發現，只要把羊放在那邊，讓牠們吃草，羊養肥了還可以出售。這是投資效益的問題，斤斤都要計較。環保是在斤斤計較下算出來的結果。我們的環保做得不好並不是因為缺乏熱情。我們有足夠的熱情（很多人在夏天也不開冷氣）。台灣人是我見過對環保最有熱情的人，可是我們的數學卻不太好。做環保也需要數學，從頭算到尾，我們便可以知道做一件事是否有利，而不需做些有意願但卻不划算的事。

圖 3 是比較大型的電廠，但其實不論就土地使用或投資來說，大型電廠會引起一個較大的困難：如果投資電廠利潤較高，那麼就沒有人要在農地種田、在魚池養魚，甚至大家都來養水種電。但土地不應隨意變更使用，在這方面，德國的再生能源法有很詳盡的規範。我特別要提醒的是，太陽光電應是一種「民主」的發電方式。

怎麼說呢？發電廠的發電機組通常都有基礎容量，如果是火力發電機組，基礎容量通常是好幾百萬瓦（mega-watt），如果是風力發電機組，也至少都有 1.5 個百萬瓦。但

一人一千瓦社會企業

圖 3：太陽能牧場

太陽光電的發電機組電量單位則是千瓦（kilo-watt）。如果要在自家屋頂上裝設太陽能光電裝置，以一家四口計，大約需要 4 千瓦（每人約需 1 千瓦）。4 千瓦就能滿足家庭用電，包含使用冷氣。當然前提還是要大家節約用電，特別是居住在有隔熱的房子。至於成本支出，1 千瓦的發電機組不到十萬元新台幣。假設今天某人花了三十萬，在自家屋頂裝了 3 千瓦的太陽能光電裝置，而他的妻子也決定加入，投資二十萬裝設 2 千瓦的裝置，接著，他們的鄰居也跟著花三十萬、五十萬投資太陽能光電。如此逐漸擴大，甚至達到數百萬瓦的規模。就發電效益而言，這和投資一個數百萬瓦的發電機組是一樣的。太陽光電是一種線性的發展，我們不需要一開始就得買下全部設備。一般來說剛投資時，基礎設備的支出都非常大，但太陽光電的情形則是有多少錢就投資多少設備。

有一個與此類似的例子。2004 年諾貝爾和平獎得主是曾擔任肯亞環境部副部長的馬塔依女士（Wangari Maathai）。她曾經花了三十年的時間，在非洲種下三千萬棵樹。她是怎麼辦到的呢？她並沒有找台積電、世界銀行或比爾蓋茲之類的公司、富豪捐款，而是詢問民眾「你家有院子嗎，要不要種兩棵樹？」就這樣一傳十、十傳百，大家紛紛在院子或自家空地種樹。「綠帶運動」（Green Belt Movement）就這樣形成，這三千萬棵樹是靠眾人協力種起來的。

綠帶運動（環境資訊中心網站）

所以在混合的能源使用這件事上，不管我們用火力電廠、核能電廠或其他類型的電廠，太陽光電扮演了很關鍵的角色。太陽光電是在混合的發電方式中不可或缺的。除了太陽光電可以在夏季用電尖峰時期供電，而且太陽光電是可以互相幫忙一起做起來的運動。這是能源自主很重要的部分。太陽光電是分散型的，不需蓋成大型電廠，結合建築物的太陽光電，是這項技術的本質。幾個台灣的例子：2006 年台電在墾丁核三廠蓋了一間結合太陽光電的透光裝置藝術，而在天母的歐洲學校，則有結合學校遊樂場的太陽能光電裝置。

對我來說，太陽光電另有特別的意義。在沒有基礎電網的地方，太陽光電可以提供「光」，而有光的地方就有希望。1972 年，「赤腳學院」（Barefoot College）在印度成立了，教導鄉村的居民識字。這間學院因把村婦變成工程師而著名。全世界至今仍有二十億人口生活在缺乏基礎建設的地方，印度很多地方也沒有電力網。村子裡的婦人，餵完牛、煮好菜，做完一整天的家事後，一到七點天黑，沒有電、沒有光，只好睡覺。現在村子裡有了一盞太陽能電燈，她們就有機會可以認字，認識字之後，可以學習如何維修、維護太陽光電裝置，有些人成了太陽能光電維修工程師，也有許多女生變成醫生，協助村子裡其他人。這就是「光」為大家帶來的希望，這種希望──不用倚賴大型發電裝置，而是一點一滴線性累積就可以做到的事情。

〈從一次赤腳運動中學到的〉Ted 短講

六、結論：能源的公民實踐

我們從太陽光電講到家屋隔熱，再講到協力造屋。用黏土木屑來造牆，有效使用能

源其實是一件非常簡單的事情。我們透過新科技、新投資、新政策與規劃，達到健康舒適的生活，這裡所謂的新科技，可能是新發展出來的節能科技，也有可能是老祖母那時候的科技。我們要把這些科技找出來，配合現在生活之需。

根據經濟合作與發展組織（OECD）的統計，全世界總體用電裡，有三分之一是為了讓建築物更令人感到舒適，也就是供應冷、暖氣之用。如果可以改善隔熱，降低房子的能源耗損，就可以大幅減少這三分之一的能源使用。所謂的「太陽房子」，要能夠同時主動和被動地使用太陽能。屋殼隔熱、使用雙層玻璃的窗戶、良好的通風與採光，這是被動地使用太陽能，太陽光電與太陽熱能則是主動使用太陽能。

汗得學社在台北市青年公園參與設計規劃與興建「太陽圖書館暨節能展示館」。這是一棟很樸素的建築，方方正正，非常標準的台灣鋼筋水泥建築。要如何聰明使用鋼筋水泥，讓它也有保冷保暖的效果？這需要大家聰明的腦袋去做好設計。這間圖書館上裝有太陽光電裝置，它在牆壁上灑下的光影，營造這棟建築的外在美。事實上太陽能裝置本身就吸引大家的目光。隔熱則是這棟建築的內在美，好的隔熱，可以幫助房子節省 80% 的能源。在夏天，這棟建築可保持恆溫 25 ～ 28 度，在冬天則維持在 15 ～ 18 度。

其實本文最主要目的，並不是談如何節能，如何使用太陽光電，如何在 2050 年達到多少百分比的再生能源。我更希望可以為大家引薦視野、確定典範、提供新可能。在汗得學社，蓋房子是我們的溝通方式。透過結合眾人，以勞力密集的方式蓋房子，我們用古

太陽圖書館暨節能展示館

老的工法，用雙手觸摸泥巴，親身體驗鑿刀如何把木頭變成棟樑之材。Do it ourselves，我們一起來，一起發展我們的未來、生活與能源使用。一旦認知到能源是我們的共同未來，就要一起把辦法想出來，把事情做出來！

教學工具箱

網站：

汗得學社網站：http://www.hand.org.tw/

太陽圖書館暨節能展示館：http://www.tpml.edu.
  tw/ct.asp?mp=104021&xItem=9001066&CtNo
  de=33629

影片：

〈太陽能媽媽〉（Solar Mamas）：收錄於「為
  什麼貧窮？」（Why Poverty?）系列紀錄片，
  追隨約旦婦女拉菲雅遠赴印度赤腳學院受訓，
  成為太陽能技師的故事。線上收看可見 http://
  whypoverty.pts.org.tw/zh_TW/video/37。

〈從一次赤腳運動中學到的〉Ted 短講：http://
  www.ted.com/talks/bunker_roy?language=zh-
  tw&language=zh-tw

延伸閱讀：

胡湘玲（2009），《太陽能源》。台北：天下文化。

胡湘玲（2006），《太陽房子》。台北：天下文化。

「適當科技」：
如何讓科技適合於此時此地的人？

陳信行

本文改寫自陳信行教授2013年在陽明大學的演講。作者以國內、外三個適當科技實踐案例，討論「讓科技適合於特定時空的社會」所需的條件與挑戰，其中包括作者自身參與的兩次協力打造小型風機的經驗。適當科技視科技為工具而非目的，追求操作者或使用者能夠親身打造並維護的科技。本文則更深入指出，要實現這類對操作者來說夠簡單的科技，還必須改造既有的社會技術脈絡，因此在設計階段，過程往往相當複雜。關心能源科技議題的讀者，當可從適當科技的挑戰中得到不少啟發。（編者）

一、前言

　　主流輿論在談「科技」這回事的時候，有一種講法，說起來有點陳腔濫調，仔細想想沒什麼道理，但是很多人會不假思索地接受：科技日新月異，我們（此時此地的人）如果不努力追上科技的腳步，就會淪落到某種悲慘狀態——例如，「競爭力」輸給別人之類的。包括你們現在就讀的大專院校的課程內容和學院學系組織，乃至高中生上大學時的志願選擇，多半以這個說法為前提。這種說法沒道理的地方在於：歸根究底，「科技」應該是工具，或者是包括機器、知識和技能等很多工具的

組合，是人們要達成目的的「手段」。手段必須適合目的、適合想達成目的的人，而不是反過來讓人適合手段、接受目的。不是嗎？

　　舉個例來說，拿一把十公斤重的鐵鎚，要在室內裝潢隔間的木板上釘幾根最普通的鐵釘，大約 0.2 公分直徑、3 公分長那種，想拿來掛幾個相框。如果你是個一般身材的男性，那這鐵鎚一定太大，舉起來很吃力，而且不好控制，釘子會敲歪，甚至一不小心還會把木板敲破個大洞。如果你是個一般身材的女性，那這鐵鎚就更難用了。

　　這時候，你有兩個解決之道：

　　第一條路，可以趕快開始苦練上半身肌肉，等幾個月或幾年後肩臂肌肉都發達到美國職棒大聯盟明星投手的地步，再來釘這幾根釘子。你也許也該把鐵釘換成直徑特粗的那種，以免又一槌敲歪。室內裝潢乾脆也整個換掉，壁板都用特別堅固的，以免又被敲破。另外，也許還有很多配套的措施要做、配合的工具要買。

　　第二條路，去借一把輕一點的鐵鎚。

　　請問，那個作法合理？

　　第一條路，是最常見的「科技決定論」——科技要長成什麼樣子不是我們能控制的，相反地，我們要去適應不斷出現的新科技。「適當科技」（Appropriate Technology）這個 1970 年代興起的思潮與作法，提倡的就是上面所說的第二條路。這條路追求的是讓科技發展來適合於特定時空之下的人類社會。大多數人原則上贊成這個作法，但這條路推動起來卻總是會遇到重重困難。大部分困難並不在技術，而是在社會，或者，更精

公民能不能？能源科技、政策與民主

確地說，在既成的技術社會脈絡。

二、適當科技——經濟發展問題與嬉皮世代

適當科技在理論上的肇始，最重要的是兩個發展經濟學家：路易斯（W. Arthur Lewis）和舒馬赫（E. F. Schumacher）。

路易斯出生於西印度群島，在英國受教育，在聯合國發展總署（United Nations Development Program）任職。他在 1954 年發表一篇論文，在 1960 年代末到 1970 年代初期被無數人引用，並在 1976 年獲頒諾貝爾經濟學獎，是第一位得獎的黑人。他主張：以李嘉圖（David Ricardo）等古典政治經濟學的比較利益理論（即後來主宰我們的時代的新古典經濟學的基本假設）來研究發展中國家的經濟變遷，是嚴重的誤導。同之後的依賴理論學者相同，路易斯認為前殖民地與前殖民母國之間農產品對工業產品的貿易，對前殖民地不利。同時，在這個脈絡中，適當的經濟研究應該把發展中國家的勞動力供給視為無限大。從而，資本密集、「省勞力」的設備是不經濟的。採取路易斯所批評的那種作法以追求「民族工業化」的國家，最典型的就是印度。至今，印度有能力自製核子武器，乃至發射探測火星的太空船，但國內大量的貧困人口依然連溫飽問題都還沒解決。

把路易斯的經濟思想具體化為思潮與運動的關鍵人物是舒馬赫。他是德國猶太人出身，在英國受教育，二次大戰期間任職於英國煤礦局，之後到聯合國發展總署擔任印度的經濟發展規劃顧問。他於 1973 年出版的《小即是美》

能源、適當科技與公民參與

（*Small Is Beautiful*）一書中提倡「中道科技」（Intermediate Technology），廣受注目。他繼承了路易斯對發展經濟學的看法，更進而引入一些淺顯易懂卻總是被忽略的價值—生態環境的可持續性、人類對於有意義工作的迫切需求、經濟生活的民主與平等，諸如此類—來重新評估當代科技體系與資本主義經濟的效率。

他發現巨型的工業科技體系耗費大量不可彌補的珍貴自然資源；「節省勞力」的科技改進造成大量失業；除了業主的利潤之外一無所顧的私有企業制度造成經濟生活的「原始化」；而大型科技體系的發展使得人類賴以生存的技術手段愈來愈遠離一般人掌握，並壟斷在少數專家與企業手中。舒馬赫呼籲人們開敞心胸思索另類的經濟學可能性，並以「中道科技」來修正當代的「粗魯科學與暴力技術」。這些科技必須：

• 夠便宜致每人都能確實掌握；

• 適合於小規模的運用；

• 能夠與人類對創意的需求相吻合。（1973/2000: 28）

「小規模」的需求是由於舒馬赫相信大型機構必然導致權力分化並妨礙民主討論。然而，舒馬赫並非一概反對新科技與大型機構，也不認為「中道科技」能放諸四海而皆準。相反地，正是由於人類的需求與生存環境是如此多元複雜，沒有任何一項科技或準則能夠四處通用。重點在於發展出真正適合各種具體狀況的知識、工具與手段。例如，在高度失業的社會中，發展資本密集（因而相對地提供較少工作機會）的技術沒有什麼意義，勞力密集的技術才是真正適合的。

在舒馬赫及同代的技術社會批評者的影響之下，一個又一

公民能不能？能源科技、政策與民主

個的重要機構採納「適當的科技」（即舒馬赫的「中道科技」）作為工作方針。在卡特政府時代，美國政府設立了「國家適當科技中心」（National Center for Appropriate Technology）；聯合國發展總署、世界衛生組織等機構也紛紛成立相關計畫與組織。然而更重要的是大量的學術機構與非政府組織（NGO），如直接繼承舒馬赫思想的英國「中道技術發展組織」（Intermediary Technology Development Group）以及世界最大的發展援助 NGO「樂施會」（Oxfam）與「無國界醫師」（Médicins sans Frontières，MSF）從 1970 年代起，不斷地在第三世界與先進國家推動各式各樣的「適當科技」計畫。至今，「適當科技」的作法在路易斯與舒馬赫原本所關注的主要脈絡──低度發展的第三世界農村──幾乎已經成為各領域的主導性思維。

舒馬赫的主張大為流行的時代，也是各國環保運動興起、歐美日反文化運動與反戰運動興起的時代。《小即是美》的科技主張，恰恰好符合當時「嬉皮世代」青年運動的思想需求，吸引了很多人投入。但是，這些社會到底都是高度工業化的社會，狀況與第三世界農村非常不同。在物質資源方面，幾乎無論什麼都生產過剩，而不是匱乏。在工業社會中照搬適合於貧困農村的適當科技實踐，常常出現各種問題，甚至淪為口號，在某些危機時較多人接受，危機過了，就又萎縮成僅僅是少部分人的生活風格。「適當」與否的判斷，歸根究柢必須根據對「此時此地」時空環境下的物質與社會環境的充分瞭解，然而，工業社會的人對自己所處的科技環境，往往比農村社會的人對他們的環境還要生疏很多。

再下來，我會介紹三個或高度成功、或僅處於實驗階段的

能源、適當科技與公民參與

實踐案例，來說明這些比較複雜的狀況。

三、簡約之美——口服水分補充治療法（ORT）

口服水分補充治療法（Oral Rehydration Therapy）是「適當科技」最成功的案例之一，它來自於成熟的科學研究，以簡單得讓人難以置信的解決方案，成功面對一個嚴重的問題，既非我們刻板印象中的「高科技」，也不是「傳統智慧」，但確實有效。

第三世界農村長年來奇高的嬰兒死亡率很大一部分是來自於急性腹瀉脫水致死。在 1980 年，全球有五百萬名五歲以下的嬰幼兒死於此因。最常見的小兒腹瀉可能來自透過水源污染傳染的約二十五種不同的寄生蟲、細菌或病毒；致死則多半是腹瀉過程中因脫水而導致的電解質不平衡。適當補充水分與電解質，大部分小兒腹瀉能夠安然度過。在主流西醫作法中，治療腹瀉多半靠藥物與點滴。點滴治療可以有效補充水分與電解質，在如台灣城鎮地區這種現代醫療體系完整的地方，打點滴很容易。但是，在大部分第三世界鄉村地區，醫藥用品都必須進口，並經過長途運輸，無菌點滴瓶、注射針乃至生理食鹽水等普通醫療材料因而都變得非常昂貴。合格的醫護人員也多半奇缺。因此，以點滴治療小兒腹瀉問題，成本高得使農村家戶、政府衛生單位乃至國際組織都難以負擔。

1962 年開始，一群孟加拉（當時稱為東巴基斯坦）達卡大學醫學院的年輕研究者開始尋找治療腹瀉脫水的另類方法。他們提出了一個極為簡單的方法：「口服水分補充療法」。他們依照正統醫學試驗方法從事嚴謹的臨床試驗，證明這個

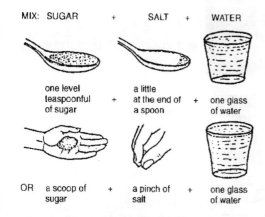

〈Oral Rehydration Therapy: A Simple Solution〉Ted 短講

圖 1：口服水分補充鹽調配方法示意圖[1]

治療法確實有效。基本上，這個療法只是讓病患飲用水、鹽和糖的溶液，瀉多少就喝多少。幾乎任何家庭都能夠調配出適當的口服水分補充溶液。在簡單的教育之後，就可以順利地照顧病患脫離險境、順利康復。[2]圖 1 是一個簡單的宣導教材，更簡單的方法甚至不需量匙，只要用一把糖、一撮鹽和一杯開水調勻即可。世界衛生組織（WHO）和聯合國兒童基金會（UNICEF）於 1975 年開始推廣包裝好的最佳配方口服水分補充鹽（ORS），每包成本在 10 美分以下，加水即可使用（見圖 2、圖 3）。

　　ORT 對使用者來說，幾乎不造成任何金錢負擔，在適當

---

[1] Hazeltine, B. and C. Bull (1999). Appropriate Technology: Tools, Choices, and Implications. New York: Academic Press, p.213.

[2] ORT 的原理其實抵觸了很多社會的傳統保健常識。很多文化中，人們會認為腹瀉就得斷水斷食，以免繼續瀉，但這恰好造成了身體的脫水。在這些文化中，要說服人們接受 ORT，會特別不容易。

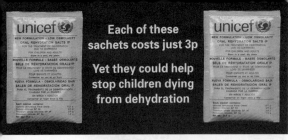

圖 2：UNICEF 的「10 美分口服水分補充鹽」[3]

圖 3：印度推廣 UNICEF「10 美分口服水分補充鹽」的衛教海報[4]

的教育之後，也不需依賴外來的醫療資源與協助。專家估計，從 1970 年代末 ORT 開始推廣至今，每年全球至少有一百萬貧困家庭子女得以免於腹瀉而死的威脅。聯合國發展總署（UNDP）也從 1990 年代開始，把 ORT 的使用普及率，當作每年評量各會員國的「人類發展指標」（Human Development Index）的一部分。普及率愈高，代表公共衛生教育愈成功。

然而，這麼一個「既小又美」的科技並沒有因為它便宜有效，就自動地廣為擴散。發展中國家的公共衛生人員基本上極

3 史丹佛大學醫學院「Rethinking International Health」網路課程資料 http://rih.stanford.edu/elias/resources/India%20ORS%20Campaign%20Poster.gif

4 http://www.colalife.org/2008/10/12/ors-ort-at-the-heart-of-new-unicef-campaign/

願意接受便宜可靠的 ORT 療法，但受主流醫療訓練的專業圈多半還是偏好點滴。更重要的是，傳統西醫早已在一般人腦中建立「生病就得吃藥打針」的印象；以糖鹽水對付孩子的嚴重腹瀉，即使是貧困家庭，也很難接受。因此，各國公衛人員必須想盡辦法讓人們接受這個簡單的療法。UNICEF「10 美分口服水分補充鹽」就是一個因應之道：把 ORT 所用的糖和鹽包裝在英文標示的袋子裡（外加一點其他便宜的礦物鹽），並向求醫者索取他們負擔得起的藥費，好讓父母覺得他們給孩子的還是一種「藥」，可能有效。

四、同時處理技術與社會問題——「常民鋼構」與「協力建屋」

在台灣最著名、也是最成熟的適當科技實踐案例，是謝英俊建築師主導的「第三建築工作室」（http://www.atelier-3.com）從 1999 年的 921 震災災後重建開始推動的一系列建築設計與實作。他們在 2008 年中國大陸汶川大地震和 2010 年台灣莫拉克水災之後的重建工作中，也扮演了很重要的示範角色。

受災地區不僅人員死傷、房屋倒塌、基礎建設破壞，更複雜的是生還者失去生計來源、家庭與社區的社會連帶破碎，以及由此而來的一系列身心社會糾葛。在傳統政府與民間組織的作法中，家屋與社區基礎設施重建、人的關係的重建以及經濟生活的重建，多半被分割為幾個不同的計畫：家屋重建有貸款計畫讓災民找建商來蓋，或者慈善團體發包或找志工來做；社區關係重建由社政單位、社福機構和文史工作室等來做；生計重建則由勞委會職訓局協助災民就業等等。第三建築工作室的「協力建屋」計畫則透過「常民鋼構」的建築技術改良，希望

同時做到家屋、社區與生計三個面向的重建。

　　與單純的田園想像之下的生態屋不同，「常民鋼構」的建築要便宜到災民負擔得起，而且施作工法必須改良到失業的災民能夠在簡單訓練之後，就能參與工作，甚至逐漸掌握整個建築的原理與方法。同時，在重建家屋的過程中，建築團隊會盡可能組織受災社區民參與設計、規劃與施作。這樣，災後重建房屋的過程，同時也達成了災民就業的社會目的，從而達成社會重建的更大目標。同時，未來房屋若需維修，所需技術都是參與建造的住戶自己能夠掌握的，不假外求。為了這樣的目標，第三建築工作室的設計往往使用一些並不「田園風格」的材料與工法。最具特色的一點，就是主要結構採用便宜、施作容易的 C 型鋼，並用螺栓固定。類似這樣的設計，是考慮到一系列經濟、社會條件之下的結果，而絕不是單純的技術問題。

　　不管是在台灣的原住民部落還是中國大陸的偏遠農村，現代建築技術都早已不是新東西，各地傳統建築技術也往往已經失傳──農民出外打工當建築工人已經幾十年了，賺了錢回鄉多半都會改建看來「現代」的鋼筋混凝土房子，但是品質多半不好。鋼構房屋在台灣也幾乎成了某種「傳統」；從都市到農村，最常見的家屋形式就是三層樓的連棟街屋（台語稱為「販厝」），上面還有個鋼構頂樓加蓋（台語稱為「鐵棟」）。這些「常民」熟悉的房屋，由於要求便宜，多半不會找專業建築師設計。而只有實作經驗的師傅蓋的房子，因為不確定結構怎樣才夠穩，材料都寧可粗大；台灣的頂樓加蓋，就常用很粗的 H 型鋼（台語稱「工字鐵」）焊接當結構。除了浪費材料之外，在災區重建的脈絡中又會導致兩個難題：首先，粗大的鋼樑需要大型吊車機具來吊裝，租金不便宜之外，還得先修復公路，

吊車才進得來。其次，電焊技術需要專業訓練，不是每個人都做得來。因此，如果選擇這些常見工法來重建家屋，很多災民就算有工作能力，也只能出錢，無法出力；如果各來源的款項還不夠建屋，這些災民就得離家出外打工賺錢，進而又衍生出一連串的家庭和社區的困難。

圖4：2009年四川茂縣楊柳村災後重建的施工[5]

謝英俊團隊試圖達到的是「對操作者非常簡單、對設計者而言十分複雜」的方案。藉由採用輕量的 C 型鋼和螺栓連接取代粗大的 H 型鋼和焊接，「常民鋼構」可以讓任何一個身體行動還算方便的人，都可以在簡單教學之後就動手做、自己參與施工團隊，從而組織「協力造屋」。而把所有的結構部件（structural members）都設計為一個人就扛得動，就不需要吊車了：不但省成本，而且不受交通狀況的限制。如果結構和施工方法安排妥當，連最吃力的施工步驟，都可以由居民合力來完成。圖4中把組裝完成的房屋骨架側面立起來的步驟，就是完全藉由人力和簡單工具來完成。採用這種設計和工法的

〈把力量還給人民〉謝英俊
TedxTaipei 短講

能源、適當科技與公民參與

5 http://www.atelier-3.com/gallery2/main.php?g2_itemId=27222http://rih.stanford.edu/elias/resources/India%20ORS%20Campaign%20Poster.gif

圖5：第三建築工作室設計施作的台東太麻里
鄉德其永久屋（2010）

重建過程，不需要太多經費，可以藉由動員災民互助「換工」組成工班，自己動手。如此一來，重建過程中解決了災民就業問題，施工團隊的組織過程同時也是災後社區民眾重建彼此合作的組織過程，如果順利的話，房屋落成的時候，村子裡的社會關係網絡也會開始恢復。

　　由於住戶本身就是建造者，「常民鋼構」的房子交屋之後，住戶可以在社區鄰居的同意之下，依自己的需求修改，因為他在參與過程中就掌握了大部分的技術。「常民鋼構」可以配合使用各種材質建牆。日月潭的邵族部落屋用竹子；太麻里的排灣族部落使用雙層柳安木中間夾沙子隔音；中國大陸北方平原農村用泥土加稻稈做成很厚的隔熱牆；在四川藏族、羌族的村寨裡面，則使用當地的石材。這樣就地取材不但便宜、環保、省運費，未來要修繕也容易，更可以把一些文化傳統附加上去。

　　謝英俊面對的最大挑戰之一就是營建資本。台灣、中國大陸和很多資本主義社會一樣，建商的土地房屋炒作和地方政治之間的糾葛千絲萬縷；大部分家戶一輩子最大的一筆消費就是買房子，而無處不在的房地產廣告深深影響了大眾對於好房子應該是什麼長相的建築美學。非常省錢、但需要自己動手的「常民鋼構」建築，一方面擋了營建資本的財路，常常會受到

各級官員和各地商人的種種抵制和障礙。另一方面，這些創新工法的建築常被居民認為不像「正常」的房子，所以，謝英俊十幾年來不斷修改設計，希望能夠既維持「協力造屋」的性質，又符合這些業者住戶兼協力者的期待。

五、我們其實不太懂我們的社會——兩個風車計畫

在謝英俊建築師從邵族部落屋開始的「協力造屋」計畫啟發之下，我從 2000 年左右開始在世新大學社會發展研究所開設「適當科技與發展」的課程。當我們在課堂上讀過了各種成功與失敗的案例之後，一個問題很自然地浮現：在我們當時身處的台灣都市環境中，什麼才是「適當科技」？與謝英俊的協力造屋計畫大為不同的是，我們處於每一吋土地都有所有者的都市環境，任何需要較大土地的計畫都是窒礙難行的。物質環境之外，都市社會生活與農村當然差異極大。我們發現自己對自己生活中到底有什麼「在地資源」，尤其是人們擁有的知識技能等資源，其實所知不多。那麼，要談什麼樣的科技算「適當」，一定會失準。

有同學建議我們自己來發展一個實作計畫，好實際檢驗「適當科技」的主張。逐漸地，我們形成了「實驗式的社會研究」的方法概念，並試圖透過在都市環境中集體打造一個再生能源設施，探討在地常民可得的技術、知識、技能，以及各種有益或有礙於類似工作的社會因素。

「實驗式的社會研究」不同於田野方法等傳統質性社會研究法。它並不是在「自然」環境下觀察事物，而是打造出一個行動，讓參與者能夠動用一些他們原本就懂、但日常生活中用不上的知識技能等潛藏著的能力，從而使我們能觀察到這些

潛能。它類似於行動研究法，但行動目標更不確定，探索的焦點在於較廣泛的技術社會脈絡。我們的計畫也不同於理工學院的應用研究，因為我們不打算發展任何技術創新，而是想要理解既有技術由一般人來操作的可能性。因此刻意地盡量不使用專業技術，以瞭解在「適當科技」原則下的施作會面對怎樣的困難。

我們選擇了再生能源作為探索的課題，因為當時關於溫室氣體、核能與再生能源的社會爭論吸引了很多人的注目。在上述的想像之下，世新社發所與網路媒體《苦勞網》的工作人員合作組成的團隊，於 2004 年在永和社區大學開設一門「DIY 做科技」的課程，擴大邀請各種不同背景的人士參與試做。我們開課的口號是：「絕不保證成功，但是保證有意思。」這次計畫從 2004 年初到 2005 年初，打造了一台 Savonius 式垂直軸風車（圖 6）。2008 年十月開始，在永和社大計畫團隊的基礎上，我們在貓空當地人士協助下，以世新社發所的一門課程學生為主，在貓空山上打造了

圖 6：2004 年永和社大 Savonius 風車

圖 7：2008 年貓空克里特島式風車

一座以竹架構為主的水平軸克里特島風帆（Cretan Wing-Sail）風車（圖7）。

　　這兩個風車計畫的團隊成員背景極為多元，各方面的知識、技能程度不一，接近台灣都市社會許多志願結社的成員特性。參與人數維持大約十五至二十位，男女比例相近，年紀以二十五至四十五歲居多，職業以白領工作為主：職員、教師、業務員、社工等，年輕專職學生佔的比例較小。一些男性成員有理工教育或技術工作的背景：年輕時曾在鐵工廠學藝、高職讀機械科、五專讀電子科等等，但最高學歷或當前職業多半與當年所學無關，只有一名成員是一路就讀電子科系，目前也任職電子工程師。要談「適當科技」的話，我們構想的計畫首先就必須符合這樣的成員組成。

　　選擇風力發電機作為實驗目標，主要是由於選擇地點方便，施做又有一定的複雜度，因而一方面可行，一方面又必須動員許多不同領域的知識與技能，足以承擔上述「實驗式社會研究」的目的。我們考慮過打造水力發電或風力抽水設施，但這都牽涉到許多水利法規問題。太陽能發電的 DIY 計畫則過於簡單，我們在一堂課的時間內就讓每個成員學會了依電路圖製作一具太陽能手機充電器。太陽能發電技術複雜的部分幾乎都發生在工廠內封裝之前，外行人涉入的可能性較低。

　　在我們的計畫開始之前，台灣就已經有幾個比較著名的「素人」風力發電計畫，如桃園縣楊梅市的陳永逢師傅[6]，和

---

6 參見如沈憲彰（2010），〈鐵工廠裡的追風夢想家——陳永逢〉。《GREEN 綠雜誌》2010 年 10 月號。陳師傅於 2011 年開始與東勢高工合作發展了風力發電教育示範計畫。

台中縣大肚鄉的立全社區。我們的實作計畫構想受立全社區居民的影響非常深遠。立全社區原本是一個比較偏遠的工人階級社區，居民以台中工業區的機械業從業人員為主。從 1990 年代開始，社區居民開始集結力量解決一些社區生活的迫切問題。之後，他們開始集體打造了一部又一部風力發電機，以這樣的集體事頭作為凝聚社區向心力的手段。我們在幾個階段的課程中到立全社區參訪，實作計畫也時常必須就教於立全社區的居民。

我們根據適當科技的文獻為計畫訂下一些重要的操作原則：

1. 互相學習：計畫中需要的各種事頭，會做的帶頭做，但必須盡力教其他伙伴這個事頭的相關知識與技能。被教的不懂，表示教人的表達不佳。溝通與完成工作一樣重要；

2. 力求儉約：設計施工盡可能壓低成本，材料零件以一般社區五金行可以採購到的、或社區廢棄物可以再利用的為主。使用的工法和知識，盡可能以國中課程教過的為主，萬不得已，才超出這個範圍；

3. 責任分攤：雖然課程中還存在著師生關係，但是在施作過程中，鼓勵有興趣的成員開始分攤各部分的設計與料件採購，並主導施作過程。

這些原則並不新穎。黃武雄等學者於 1990 年代後期提出的社區大學的教育構想中，即已強調類似精神。歷年來在各地社區大學也有了各式各樣的實踐。然而，實際的操作中，一些我們原本不清楚的結構性障礙卻逐步浮現，使得這些原則難以實現。

從兩個團隊組成一開始的討論中，成員之間技能與知識背景的巨大鴻溝就非常明顯。有少數女性承認從來沒換過電燈泡（男生則多半不承認）；大部分人當年國小美勞課與國高中工藝與家政課都沒上過，被挪去補習考試科目了。因此，基礎手工具使用、針線縫紉、簡單電子零件焊接等等原本包含在國民教育課程內容中的技藝，許多人必須從頭學起。白領文職工作者尤其很少有動手製作或修理物品的經驗。另外，計畫所動用到的一些國中程度的基礎自然科學與數學知識，許多參與者，不分年齡性別，多半都印象模糊。

不僅沒有技術背景的人對於技術有鴻溝，有理工背景的人，要掌握本行之外的知識與技術，同樣有困難。兩個風車計畫都牽涉到一些機械、流體力學、木工、鐵工、電機、電子等領域的技術。沒有人能全盤掌握牽涉到的各種技術及其背景知識。甚至跨越領域的溝通，也很困難。我自己是機械背景出身，對於電子技術的理解與常民無異，因此當熟悉電子的成員在討論充電電路使用哪一顆 IC 比較適合之類的議題時，我得一直追問，才能稍微跟得上討論。電子科系出身的成員則喜歡自嘲說「出了電路板，什麼都不懂」，他們與文科畢業生一樣對於木工、機械等技藝很陌生。

對於各個領域知識與技藝的陌生有其建設性的一面；它使得集體實作的過程愉悅新鮮。由於我們刻意選擇比較複雜的計畫，牽涉到動手使用砍刀、電鋸、圓鍬、針線、電烙鐵等等一系列工具和各種材料，因此，每個參與者都有機會碰觸到生活中或許常見、自己卻沒嘗試過的動作。互相教與學的過程中，學習者的興奮會很快地感染到教授者，而計畫的複雜度又提供機會使得教與學的角色可以比較頻繁地在不同的事頭上互換，

能源、適當科技與公民參與

從而使得興奮感能夠持續共享。在這種狀況下，作為計畫的主持者，我並不需要太著力於鼓勵參與者的學習與工作動機，更常需要做的，反而是注意提醒手持工具者不要佔據一個事頭與工具太久，要適時交給旁觀的伙伴去做。

知識與技能鴻溝的負面之處，在團體內部溝通上尤其明顯。大多數時候，一個細節要如何設計處理、一個事頭要如何施作，這類的討論會很自然地傾向於由少數幾個熟悉這個領域的人—尤其是男性—所壟斷，而其他人在無法參與討論之下，會傾向於接受「知其然、不知其所以然」的處境，聽命行事。這在大多數的資本主義職場內是常態，可是在適當科技的原則下，卻是缺憾、是不民主的狀態。我們選擇實作計畫時所採用的「以國民教育知識內容為範圍」的原則或許能使得這種溝通障礙稍微縮小一些，卻還是遠遠不夠，因為這個範圍的知識，對大多數成年人來說還是很陌生，不足以當作溝通所用的共同語言。

前文所提到的三個操作原則中的「儉約」，是在操作中最難具體化的。我們發現，何者該省、何者不須省，不能想當然爾。忽略我們實際身處的技術社會脈絡，就是行不通。由於在永和風車計畫過程中認識到這點，貓空風車在一些技術面向的儉約原則上作了妥協。

為了充分利用公共領域（public domain）的免費知識資源，我們選擇了依據網路上共享的藍圖來製作 2004 年的永和風車，而非自己從頭開始設計。我們選擇的是一家美國公司 PicoTurbine 所設計的，額定出力 250 瓦的「PT-250」垂直軸風車，一方面由於該公司分享的設計比大多數適當科技網站或討論版的資訊都來得詳盡，包括從原理解釋、料單到扇葉裁切的

版型。另一方面，這種 Savonius 風車轉速慢，對於渦流不會有太多負面反應，似乎比較符合永和這種都市環境和風場。該型風車主要的材料是鍍鋅鋼管、PVC 塑膠水管、三合板以及店頭稱為「招牌板」的 PE 塑膠瓦楞板，都是五金行常見的便宜、易施工材料。因此，我們把材料零件成本設定在二千元以下；希望全部材料能夠在施工場所——永和市福和國中的步行範圍之內購買得到；希望盡可能利用廢料；希望所有使用到的技藝都是所有參與者可以學習掌握的。

進入實作階段後，我們很快就發現免費藍圖的許多未盡之處，需要花力氣去克服。最大的障礙在發電機。立全社區發展的前幾個風力發電機都是使用廢棄的汽車發電機，因為有一位社區居民是汽車電機師傅，自己搞懂了如何接電。的確，在當代台灣的環境中，以取得的容易程度而言，汽車發電機是最佳的選擇，即使沒有免費的廢品，二手貨也往往幾百元就買得到，而且通常頗為牢靠。我們很容易就拿到了兩、三個汽車發電機。

然而，如何使用汽車發電機的知識，卻不是那麼易得。各個汽車公司的發電機以及汽車的配線方式略有差異。而我們到社區附近的汽車電機行詢問接線的方法時，大多數被問到的師傅表示頗為驚訝怎麼有人會把它用在汽車之外的用途，雖覺得問題有趣，卻愛莫能助。書店販售的汽車電機教科書幫助不太大，其中的範例通常是三十年以前的設計。

最大的技術問題是，最近二十年來的汽車發電機往往會在機殼內的整流器中內置一個控制電路，使得它在達到一定的轉速（通常是 700 ～ 800 rpm）以上時才會輸出電力。這在引擎轉速通常高達數千 rpm 的汽車上毫無問題，可是對低轉速的風

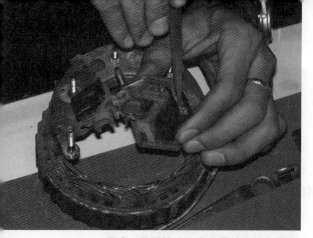

圖 8：嘗試繞過汽車發電機的控制電路

車來說，卻意味著我們需要一組傳動機構，把轉速加大二、三十倍。否則，我們就必須想辦法改裝發電機的電路，繞過原來的控制器，另外製作一組充電電路。在打造加速機構時，我們又發現如果沒有夠堅固的風車架把各個部件之間的相對位置固定好，不管什麼傳動機構都會耗損掉很多動力。但是，照著我們之前訂下的原則所能找到的材料、工具與工法，實在很難打造出夠牢靠的結構。

　　無論是哪種解決路徑，便宜的汽車發電機事實上帶來了更多繁雜的技術問題，單一部件的儉省不見得是整體計畫的儉省。在這些牽一髮而動全身的問題難以解決之下，永和社大的風車一直無法順利發電。因此，在貓空風車計畫中，我們從一開始的規劃就以此為借鑑，力圖實事求是地容許採用更多依循台灣的工業成規的「專業」技術與零組件。

　　貓空風車的設計參考了英國「中道技術發展組織」資料庫中所收的四個 1970 年代第三世界發展計畫中開發的克里特島式風車文獻，把它們綜合起來，並加入具有貓空在地意象的竹材作為主架構。這種水平式風車的機構比垂直軸風車複雜，需要在兩個軸上轉動（扇葉旋轉的水平軸和讓整台風車「追風」的垂直軸）。參與過永和計畫的成員大致都同意採用水平式設計，因為之前當我們在社大成果發表會上展示風車時，大家都必須不斷地向別人解釋這「真的是風車」。所以，比較符合大

眾印象的風車，顯得頗具吸引力，也符合通行的審美觀，至少我們可以少費唇舌解釋。

貓空風車的預算設定是二萬元左右（包括工具）；採用的技藝不再限於參與者可直接掌握的，而是參與者的人脈關係可以接觸到的範圍；重要部件的採購雖然還是希望以二手貨為主，但是我們放棄了之前以社區為界的「地理界線」，因此，著名的機械電機五金大集散地——台中市建國市場——以及規模較小的台北打鐵街（大龍峒興城街）成為我們採購的主要地點。電子零件則在台北市光華商場採購。

在這些放寬的條件之下，永和風車遇到的一些難題都很容易解決。貓空風車的發電機不再用汽車發電機，而是用通常當作工具機伺服馬達的永磁式直流馬達。這種馬達反過來即是發電機，而且無論在多低的轉速都多少會產生一些電壓，加上適當的電路即可用來充電。直流馬達雖然不是唾手可得，但二手貨的價錢也不過一至二千元，並不特別昂貴。傳動與加速機構採用現成的公制齒輪，外包給一位立全社區的居民所開的機械加工所加工。軸承使用一具數百元的標準成品，而機械底盤（chassis）則是繪簡圖後請一位團隊成員的老同事代工焊接打造。

圖 9：裝配貓空風車
　　　的機械底盤

這些作法事實上是台灣中小企業通用的製造研發的社會組織模式，之前的社會學研究中早已不斷指出並探討這些特性：層層外包的「彈性專業化」（flexible specialization）產業體系、以人脈而非地緣為主的網絡構造等等。組成這種產業組織型態的專業商店店主、加工所經營者等的技能，和他們所備置的設備種類是高度分殊化的，各經營者多半只專攻行業內的一小部分職能，例如某個機械加工的工序、某種特定部件的修理等。當一件工作需要牽涉到其他人專精的事頭時，「彈性專業化」網絡的成員通常會透過人際網路四處尋求其他專業的合作者，而非自行鑽研。在這樣的技術社會脈絡中，我們的風車計畫原本照邁當科技精神所設定的，力求每位參與者都多少要能掌握所使用的技術，這種目標就顯得頗為不切實際。

依循彈性專業化產業體系的邏輯，容許了貓空風車輕鬆繞開永和風車計畫碰到的難題，然而，新的困難卻在意想不到的方面產生了。使用竹材的技能，按理說是包括台灣在內的東亞社會的傳統技藝，卻出乎意料地難以獲得，花掉了我們許多精力。

貓空風車的構想一開始就把該地作為觀光景點的特性考慮在內，希望把某種在地意象包含在設計內。當地除了觀光茶園之外，最突出卻很少在觀光宣傳中強調的，是滿山遍野的竹林。據參與計畫的當地子弟回憶，觀光茶園在 1980 年代盛行起來之前，竹材與竹筍曾是貓空的第二大產業。但最近三十年來已沒有人在收割竹子，因此，大多數農家都會很樂意免費讓朋友去砍竹子來用。這個背景使得採用竹材顯得兼具美學上的地方懷舊意象與實用功能──免費、就地取材、未來維修可輕易取得備料。

然而，當我們開始認真思考施作細節時，卻發現很難找得到關於竹子的一些必要知識：要選哪種竹子、砍下後如何殺青處理、製作時的切割連接技巧等等。有農村經驗的中年以上台灣人多半都記得當年街坊的竹材行、竹作坊，但是至少現在在台北地區很難找到，唯一容易尋得的竹材業者做的是批發零售工地鷹架所用的孟宗竹竿，他們從中部進現貨，對於竹材的選取加工所知不多。

　　關於基本竹材技術的中文書面與網路資料出奇地稀少。圖書館與網路上的現成中文書籍論文等資料多半是關於精緻竹編工藝、竹炭與積層竹材等新技術、竹子生長培育的生物學研究等等。至於最基礎的竹材選擇與處理，幾乎所有的網路資料都與草屯國立台灣工藝研究所網站的精簡介紹一致：桂竹、孟宗竹等種類適於製作物品；綠竹適於食筍；三年生竹子較佳；殺青分為煮沸、風乾等方法，但文火烘烤最為簡便，烘烤至表面出油即可等等。這些資訊固然有幫助，但遠遠不夠用。例如，「三年生」竹子與一年或五年生外表有何差別、如何辨識？「文火」烘烤指的是幾度？烘烤多久？

　　我們於 2008 年十月開始貓空風車實作的第一件事頭，就是上山砍了三、四十支竹子並運下山殺青處理。整個過程的確非常有趣愉快。但是，開始烘烤竹子時，困難處就浮現了。一支接著一支竹子被烤爆（大家因而對「爆竹」一詞別有體會）或彎曲變形，只有十餘支順利烤完。第二週，原本以為完成殺青的竹子開始發黴。第三週，這些竹子開始發皺。在地長者看到，紛紛說我們砍的竹子太嫩，是一年生的，要三年生的才行。但他們也無法精確告訴我們「三年生」竹子長相如何。討論一番，難以溝通之下，兩位長者決定自己上山去砍個幾十支正確

的「三年生」桂竹給我們用。而我們也放棄了「簡便」的烘烤法，而改採用蘇打水煮沸殺青。眼看我們搞砸而動員起地方父老參與，這固然是美事，但是我們這些中年以下的團隊成員終究還是沒能掌握最基本的辨識竹子年齡的知識。

類似竹工藝這種在地傳統技藝難以為外行人獲得一事，又是一個耐人尋味的現象。明明漢人、台灣原住民以及幾乎大多數東亞、東南亞民族長久以來在生活中大量使用竹材，卻很少在我們在地語文的書籍與網站看到比較詳細的竹材使用基本知識。或許正由於基本竹工藝對亞洲人來說太過生活化，因而我們不自覺地會把它排除在值得研究介紹的「科技知識」之外？類似的生活化傳統技藝不知還有多少？

六、從「知易行難」到「知難行易」──
　　適當科技的挑戰

人是社會的主體，工具是給人使用的。一個社會採用的科技應該適合人的需要，而不是人去適應科技。放大來說，經濟活動必須符合人的生活需要，而不是人去適應特定經濟活動的需要。這些原理說來容易，很多人原則上接受，但是做起來卻不簡單。

上述三個案例中，「適當科技」的技術革新都不是發生在真空中，因此，也絕不是專家從無到有「發明」好的技術，再向大眾「推廣教育」這麼簡單。我們這個時代的每一個社會都早已受到工業資本主義長久的浸潤，對於生活中各種領域的科學技術都存在著大眾的成見定見、專業者的操作成規，乃至既得利益者捍衛的壁壘。另外，工業社會裡各種知識技術「領域」

高度分殊化、彼此不溝通也難溝通、對自己領域外的事物甘於不懂的狀況，早已是常態。這些都是要實現「適當科技」的理想必須克服的困難。

　　即使是第三世界偏遠農村的居民也普遍認為「生病就得打針吃藥」，ORT的推廣者必須努力克服。即使是家園遭毀的震災災民，也未必會輕易接受以謝英俊的「協力造屋」和「常民鋼構」來重建家園，更別說各種營建利益的阻撓。而永和與貓空風車計畫施做過程中所看到的，則是台灣這樣的工業社會構造之複雜以及一些「想當然爾」的預設如何不切實際——國民教育的內容其實很多當年沒教，有教過的大家長大後就忘了；竹子之類大家認定的「傳統」知識在很多地方可能早已消失；拿身邊的廢料來再使用其實可能比花錢找人做要困難很多。

　　「適當科技」的道路希望讓常民大眾都能掌握影響到他們生活的科學技術。這並不會使得「專家」的角色變得不重要。相反地，好的適當科技往往是如ORT和「常民鋼構」一樣，「對操作者非常簡單、對設計者而言十分複雜」，需要專業者不厭其煩地使用專業知識去突破自己領域的常規作法，而不是因循行規舊習。更重要的是，科技專業者必須努力去理解操作者與使用者所身處的技術社會脈絡，才能使得他們的設計規劃能讓在地社會接受、發揮潛能、滿足需要，而不是「閉門造車」。這些任務都非常困難，但同時也會使得專業工作變得非常有趣。

網站：

聯合國發展總署的「人類發展指標」（http://hdr.undp.org/en/statistics/，中文版年度報告在：http://hdr.undp.org/en/reports/global/hdr2013/download/cn/）。瀏覽這些報告，想想看，他們所用的指標，和一般政府與媒體衡量「經濟發展」的指標有何不同？為何不同？

影片：

〈Oral Rehydration Therapy: A Simple Solution〉Ted 短講：https://www.youtube.com/watch?v=TOdAkufkAFk&list=PLLYaLYnkclBc0zvC6ENY4WZ6Cb2MQExFW

〈把力量還給人民〉謝英俊 TedxTaipei 短講：https://www.youtube.com/watch?v=P9_pR8NepgQ

延伸閱讀：

謝英俊、阮慶岳（2003），《屋頂上的石斛蘭：建築與文化的對話》。台北：木馬文化。

傅大為（2009），〈STS 的實踐與台灣的新適當
科技運動？〉，收錄於《回答科學是什麼的三
個答案》。台北：群學，頁 225-242。

討論：

最近數十年來電腦軟體領域內最接近「適當科
技」精神的，是已經形成綿密跨國網絡的「自由
軟體運動」，包括以公共版權的 UNIX 為基礎的
操作系統，例如 Ubuntu（http://www.ubuntu-tw.
org/）。在台灣，最密切關注這個運動的網站可
能是洪朝貴老師的「資訊人權貴之家」（http://
user.frdm.info/ckhung/）。另外，針對困擾這個領
域已久的問題，即 1990 年代中建立的新智慧財
產權法律，國際串連的「創用 CC」計畫（http://
creativecommons.tw/）也耕耘已久。逛一逛這些網
站，想想看每天使用電腦、手機與遊戲機軟體的
你，有沒有可能試試這些替代方案？困難在哪？
可以怎麼克服？

能源、適當科技與公民參與

太陽能，如何能？
——民間參與「養水種電」的故事

陳惠萍

> 屏東「養水種電計畫」是 2009 年台灣《再生能源發展條例》通過後，首次結合地方政府、太陽光電廠商與地方民眾共同開展的太陽光電系統設置方案。在這片曾經滄海的土地上，本文所要說明的不僅是災區重建的經驗敘事，更是一則有關太陽光電科技的在地化探索，其中包含：有哪些人、事、物的動員連結；這些在災困土壤中「長成」的太陽光電系統有著如何與眾不同的設計及運作風貌；這項再生能源發展又如何與地方鄉民和土地的情感／勞動關係彼此牽動改寫。於此，本文以屏東地區農漁民的「種電」經驗為例，深入科技使用的社會脈絡與技術細節，藉此闡述這場太陽光電與屏東社會相遇、共同改變的故事。透過呈現屏東太陽光電的在地發展歷程，本文發現：傳統科技研究經常過度強調科學家／工程師或政治決策者如何運籌帷幄，因而忽略常民在科技發展中可能扮演的角色。在養水種電的案例中，本文則以地方農漁民自主動員、共同研發，以及改寫科技使用腳本等行動，展現民間參與養水種電的豐富樣貌。

一、前言

　　屏東縣，一個以「黑珍珠蓮霧」、「養殖王國」遠近馳名的地方。如今，這裡也是全台灣最大的太陽光電產業專區。

這項轉變緣於 2009 年 8 月 8 日莫拉克颱風重創屏東縣林邊、佳冬等地層下陷區域，造成嚴重損失。其後，屏東縣政府提出「養水種電計畫」構想，主要目的是希望引進太陽光電產業，帶動災區產業轉型、國土復育並改善災民生計問題。其中，「種電」是指地主將土地出租給廠商設置太陽光電系統，並且

〈等待種電〉公視「獨立特派員」報導

售電獲益；「養水」則是藉由太陽光電產業輔導沿海魚塭轉型，減少抽取地下水，以延緩地層下陷問題。

「養水種電計畫」作為台灣太陽光電發展的重要案例，有幾項特殊性。首先，這是我國「再生能源發展條例」通過後規模最大的地面型太陽光電系統。[1]此外，這項計畫所涉及的行動者也較過去案例廣泛，除了中央與地方政府單位、電力公司與廠商之外，還有許多地方民眾參與其中。更引人注目的是，此計畫中還有許多適應災區風土而衍生的因地制宜設計，除了漁塭上的浮力型系統、農地上的高架型系統之外，更有地主參與清潔太陽能板的開創性作法。

在傳統新興科技發展的敘事裡，我們經常只能看見科學家／工程師如何設定使用者及科技使用。（Woolgar，1991）。

---

1 屏東養水種電計畫在推動過程中曾經遭遇電能收購政策轉彎事件，進而引發各界對政府發展再生能源的批評討論。此主要肇因於 2010 年 12 月 17 日，經濟部發布將太陽光電收購電價由原本的「簽約日」修正為「完工日」之公告費率。若施工廠商未能於簽約當年度完工，其躉購價格便可能由該年度的 12.9722 元／度降為隔年的 7.3297 元／度。雖然在屏東縣府及災民的抗爭陳情下，經濟部最後同意以專案方式額外提供災區設置成本補助（4 萬元／千瓦），但此項收購價格爭議仍突顯出我國再生能源政策的執行問題。關於這部分的詳細討論可參考李彥璋（2012）。

能源、適當科技與公民參與

對此，看重使用者的研究取徑則認為，儘管研發者設計了技術物的腳本（Script），但使用者仍有可能提出不同行動方案（Akrich，1992；Akrich and Latour，1992）。近年來，亦有不少科技與社會研究的文獻將分析視角回歸使用者，進而呈現常民在科技發展過程中扮演的角色（Oudshoorn and Pinch，2003）。於此，本文承繼重視使用者的研究視野，從民間如何參與養水種電的角度，闡述這場太陽光電與屏東社會相遇、共同改變的故事。

二、養水種電中的「科技」與「常民」

（一）陽光底下的新鮮事：災地「長出」太陽能

2009 年發生了兩個重大事件，促成屏東養水種電計畫的開展。首先，2009 年 7 月 8 日我國《再生能源發展條例》公告實施，自此台灣走向「固定電價收購制度」。在此制度下，太陽光電系統所生產的電力可饋入電網，並依照政府公告之躉購費率，由電力公用事業保障收購二十年。同年 8 月 8 日，屏東地區則歷經一場近五十年來最為嚴重的莫拉克風災。林邊溪因暴雨潰堤帶來的重重淤泥，也成為壓垮當地產業及居民生計的主要因素。於是，在地方政府災後重建以及廠商開發太陽光電的因素偶合之下，這項災區裡的太陽光電應用方案逐步成形。其後，屏東縣政府於 2010 年三月正式提出「民間參與養水種電計畫」，一般稱為「養水種電計畫」。

利用災區土地發電，首先會遭遇什麼困難？第一關即是面對土地使用限制。依照法

莫拉克災區 PV 設置計劃

令規定，農地容許設置太陽光電設施的使用面積不得超過 660 平方公尺。[2] 對此，屏東縣縣長曹啟鴻將此項太陽光電設置方案與災後重建、國土復育概念結合起來，並與中央相關部會多次協商後，最後順利將災區土地變更為太陽光電產業示範專區。突破現有法規侷限後，農地上可施作太陽光電系統的比例提高至土地面積的六成，大幅增進災區設置太陽光電系統的規模效益。

突破土地使用限制後，接下來還須面臨現有電力系統的問題。原本屏東縣政府希望將全部受災土地轉作太陽能發電，但根據《再生能源發展條例》規定，再生能源發電系統必須向台電公司申請電能併聯與躉購事宜。故而災區太陽光電系統的設置容量及併接地點，均必須考量台電公司的既有電網分布。最後，經台電屏東區處勘查線路及評估成本後，屏東縣政府決議出 25 百萬瓦（MW）的總設置容量；其中包含林邊、佳冬兩鄉六大區段[3]，並以莫拉克嚴重災區的受損農地及漁塭優先。

「養水種電計畫」的範圍和規模確立後，接下來則是廠商進場。由於此項太陽光電設置案件扣連在國土復育、災區重建的計畫目標底下，故縣府審查重點除了公司結構、技術能力、營運計畫等條件，其中更以廠商對地方災民及國土復育的回饋計畫為主。招商說明中縣府也明確表達，希望各家公司能夠為

2 依《非都市土地使用管制規則》第 6 條規定，農牧用地得設置風力發電及太陽光電發電設施點狀使用，點狀使用面積不得超過 660 平方公尺。如使用面積超過 660 平方公尺者，應依規定申請變更編定為特定目的事業用地。資料來源：中華民國內政部全球資訊網。

3 林邊鄉塭岸段（5MW）、光林段（5MW）、鎮林段（3MW）、佳冬鄉塭豐段（2MW）、新埔段（5MW）、佳和段（5MW）。

參與專案計畫的地主創造一個月約莫 2.5 萬元的收入（以 2.5 分地為單位，收入來源包括土地租金及雇工費用）。由上可知，這項災區太陽光電方案被賦予了多樣化的功能目標。地方政府除了藉由這項計畫取得政治績效之外，參與廠商向縣府所繳納的「國土復育基金」也可作為未來縣府補貼地層下陷區域填土的經費來源。對於廠商而言，行動的主要目的則與獲取利潤及累積設置經驗有關。其中，外地廠商強調可以藉此經驗拓展國際市場。對於在地廠商而言，這項商業行動還可能展現企業社會責任，連結地方情感並且回饋地方。

（二）常民如何參與科技發展

1. 地主如何動起來？──小農土地整併與社會脈絡

儘管名為「民間參與養水種電計畫」，但是這項太陽光電發展經常被視為屏東縣政府及廠商所主導的過程，農漁民（地主）只是等待被召喚的對象。於此，本文則希望採取一種更貼近地方社會的角度，從不同視野呈現使用者如何參與科技發展的民間敘事。

「養水種電計畫」最重要的目的就是幫助災民生計。[4] 但對許多從未了解太陽光電科技的人而言，這項計畫就像坊間的詐騙集團說法一樣令人難以置信。為了讓地方民眾理解養水種電，屏東縣政府除了透過人際網絡協助宣傳、招募參與者之外，「說明會」更是地方政府、廠商與地主直接交流的重要平

---

4 實際參與養水種電的地主人數在過程中多所變動，最早階段預估約有 300 位地主參與其中。截至完工後整個養水種電範圍則有 136 位地主參與其中。

台管道。2010 年三月至四月左右，縣府即陸續在佳冬、林邊地區召開二十幾場說明會，和地方災民溝通並逐漸取得共識。

但是，如何整併個別散落的農地以便設置太陽光電系統則是另一道難題。在商業用太陽能光電系統的營運邏輯下，「集中化」及「效益最大化」固然是廠商選擇簽約對象的評估基準，但實際執行則以設置 500 千瓦以下的系統為主。業者表示，主要原因是根據《再生能源法》規定，設置容量超過 500 千瓦即為電廠，必須遵循電業法的相關申請及環評程序。除此之外，這項設置規模也與當年度的優惠收購電價有關。參考表 1 即可發現，民國九十九年所公告的「再生能源電能躉購費率及其計算公式」中，10 千瓦以上至 500 千瓦的太陽光電系統收購價格為 12.9722（元／度），是該年度最高價格。

於是在土地整併過程中，業者便具體要求地主召集八、九分地左右規劃一個專案單位（設置容量不超過 500 瓩）。然而，屏東地區經歷土地重劃，每戶土地面積約為 2 分地左右，反映出台灣小農社會的整體制度縮影。如此一來，有意願參加的地主必須突破場址界線，遊說家族成員或聯合鄰近地主，才能湊足夠大施作面積以爭取機會。募集土地的過程中，除了政府和廠商積極運作，也可看見許多對新事物接受度高、熱心地方公

表 1：民國 99 年度「再生能源電能躉購費率及其計算公式」

再生能源類別	電能躉購費率（元／度）
1 瓩以上至 10 瓩太陽光電	11.1883
10 瓩以上至 500 瓩太陽光電	12.9722
500 瓩以上太陽光電	11.1190

能源、適當科技與公民參與

共事務的行動者率先投入設置，扮演協力動員角色。例如長期支持社區協會事務的廖先生表示，「當時理事長要我幫忙招募，怎麼可能我自己不做，這樣人家會懷疑又怎麼會參加？」

　　不過對多數農民來說土地是他們代代相傳的祖產，為家族之共業。因此在評估抉擇的過程中，仍時常見到個人與親族世代的衝突。在兩代共同持份的土地上頭，經常遭遇這類問題，如某位地主提到：

> 明川（化名）就是標準的農民，希望有自己的農地，所以八八水災後還是想要繼續種植蓮霧。阿淑（化名）就不想再種蓮霧，加上她的孩子在車城擔任洗車工作，月薪也僅有八千塊。因此她希望孩子能夠在地方就業、擔任雇工。她就去很積極的去邀叔伯來參加，所以後來才有參加成功。

　　除了當地社會脈絡的複雜性，在民間參與養水種電的動員過程中，縣府所提出的訴求在常民眼中也有不同詮釋。對許多地主而言，行動其實是綜合個人生涯、經濟條件與環境風險等各種因素的思考結果。舉例來說，有些農漁民已花費數十至數百萬經費復養或復育，但最後仍決心投入種電。例如，種植黑珍珠蓮霧四十餘載的廖先生表示：

> 其實跟種蓮霧比起來，種蓮霧收入一分地一年冬可以有十五萬到二十萬，其實比種電好。但種蓮霧要勞力、要噴藥施肥，如果遇到天災也許收入會比現在租金更壞也不一定。……還有，坦白講我做蓮霧這麼久，但我年紀會老，我們的小孩以後會去自己上班，也不會繼續農業。

另外一位最早配合縣府施作的漁民劉先生也如此陳述，

業者說，以兩分半的地為單位，一年估計約有十五萬
的收入，與養龍膽石斑的利潤比較起來，十五萬只能
算是零頭。與其再去承擔大起大落的養殖風險，租地
給太陽能業者，至少還可以保住一些老本。[5]

　　歸結參與者的經驗敘事後可以明白，隱身在出租土地設置
太陽光電系統的經濟行動背後，其實摻有複雜的因素考量，也
反映出當地人口老化、勞動人口外移的農村社會結構問題。唯
有當我們將眼光置回鄉民場域，方能察覺科技如何在地方人際
網絡、土地與社會關係中逐步開展。更重要的是，透過這種由
下而上的觀察視野，我們才能看見常民行動的複雜詮釋與動員
過程，而此種敘事方式也將更貼近「民間參與養水種電計畫」
的意義與風貌。

2. 在地創新如何生出來？

　　觀察科技的使用發展可幫助我們思考：當科技遇到人、制
度與風土環境等多重變數時，工程設計如何調整、改良或提出
創新。以下，本文則試圖說明，「養水種電計畫」作為一項獨
特的災區太陽光電發展模式，其如何透過地方民眾與常民專家
的參與設計，進而開創出獨特的使用工法與在地創新。

(1) 當工程專家遇上常民專家：漁塭上的浮力型太陽光電系統

　　「養水種電計畫」初期最引起注目的浮力型太陽光電系
統，主要是希望從設計層面協助沿海地區非法養殖漁業轉型，

---

5 莫拉克新聞網（2010），〈復養之路聲聲嘆，仰望「日頭」來過關〉。
http://www.88news.org/?p=6314

以減緩地層下陷問題。屏東第一座浮力型太陽光電示範系統由阿波羅新能源公司規劃設置，主要原理是以組合式伸縮塑膠管深入池底做為基柱，上端則與浮筒形成的浮台結合，可隨水位上下調整。這項浮力型太陽光電系統前後共研發了七代。除了在支架材料選擇上從早期的白鐵轉換為具防蝕能力的鋁合金、熱浸鍍鋅，這項浮力型系統的支撐體也由最初的浮筒轉換為南亞塑膠管，原因與當地養殖漁業蓬勃，擁有許多與海水為伍的「海水管」（南亞塑膠管）有關。由此可見，一項系統的在地化設計除了考量成本問題之外，尚須考量結合地方風土資源以及施工便利等因素。

值得注意的是，在研發過程中阿波羅公司曾經倚重一位在地水電師傅，甚至將他延攬進研發團隊。這位吳姓師傅表示，「我是海墘孩子長大，雖然我沒有讀很高的書，但是我的生活和鹽水、海水是長期混合在一起的。」他對於屏東氣候、水文的掌握及生活體驗，形成重要的地方知識根源。此外，他過去從事深水馬達的技術經驗也被研發團隊看重，並成為水底電路配置的重要參考。然而，儘管浮力型太陽能系統比起傳統（高架型）可節省許多成本費用，但是當阿波羅公司因太陽光電收購政策轉彎而放棄投資後，這些漁塭上的浮力型系統也就此撤除。吳水電師傅認為，原因與後來承接的廠商人員大多為機械或工程背景有關，因為「關於很多水底的知識理論，他們根本沒遇過，所以也不敢貿然進行。」在此過程我們可以察覺，浮力型太陽能發電系統透過工程專家與常民專家攜手合作，開展出符合災區環境的在地創新。但是，儘管這項技術曾經風光落成，最後卻由於政策驟變、廠商退出等因素，導致這項新式科技成無法成功運行。

圖 1：漁塭上的架高型太陽光電系統與的浮力型系統展示（作者拍攝）

(2) 地層下陷與「架高式」在地工法

回溯歷史，屏東縣的地層下陷及土壤鹽化問題，曾經帶給屏東早年的農業轉型與豐饒物產——原本林邊、佳冬地區屬於稻作良田，後來因為地層下陷、土質鹽化，農民進而在此培育出適合成長在含鈉土地、甜度極高的黑珍珠蓮霧。而沿海地區的漁民也因應地形潛勢，打造出著名的養殖漁業王國。如今，莫拉克颱風所帶來的災情損害，不僅喚醒地方重新審視經濟發展與國土保育平衡的重要性，也在嚴峻的困境中激化出各種嶄新的設計與工法。

舉例來說，災後泥濘的鬆軟土質除了使災區施工難度高於一般太陽光電系統，該地區的技術型式也因為嚴重地層下陷問題而更富特色。例如，李長榮集團設計團隊提出的「架高式基樁」工法。簡單來說，將地面型系統高架化的設計方式，即是為了因應當地逐年下陷的地層問題。根據業者表示，關於高度計算的參數，主要參考自歷年地層下陷數值，以及近五十年淹水的最高高度。簡單來說，將地面型系統予以高架化的系統

能源、適當科技與公民參與

設計，是為了因應當地逐年下陷的地層問題。此外，高架型設計也可避免太陽光電板直接覆蓋於土地上，讓鹽化土地得以休養生息。架設基樁的設計還有個好處：待契約結束後，農漁民若想另作他用，拔除基樁即可恢復原有地貌。由此可知，在農地或漁塭上採取架高式工法，除了受到災區環境的條件影響以外，尚有廠商未來租地歸還的長遠使用考量。

這些向上發展，高達二公尺、甚至三層樓高的高架型系統，也因此激盪出光電板下兼具多元用途的構想，像是：溫室栽培有機蔬菜、種植咖啡或香菇等複合運用方案。可見在科技進入地方社會的過程中，包括產業生態、地方資源及環境特性等條件都可能影響科技的樣貌型態。在此案例中，本文透過呈現科技進入地方社會的細節，藉此看見太陽光電系統如何符應災區環境、滿足大量施工需求、快速挪用地方資源，以及結合在地農漁民的生活經驗而產生各種在地創新。簡言之，科技發展並非在實驗室或工廠當中便已規格化，技術物的尺度、工法甚至型貌都可能受到地域風土及社會條件而改寫轉變。並且，在此過程中常民使用者或在地專家也可能因為熟稔地方紋理及風土知識而對科技發展有所貢獻。

(3) 地主參與雇工工作：改寫腳本與工具創新

「養水種電計畫」的原初構想是，地主除了獲取土地租金收入以外，還能優先參與清潔與維護太陽能發電設備的雇工工作。簡言之，屏東縣府在規劃過程中，不僅期望新科技的進駐不要打破農民與土地的既有關係，甚至能夠結合起農民巡視土地的日常習慣與土地情感，進而將廠商與地主的租賃關係轉化為利益共享關係。於此，為了引進災區太陽光電產業，提供額外就業機會，解決災民需求，地主、土地和太陽光電科技的長

期互動關係也被以「雇工費」這項制度有意識地建立起來。

　　儘管在招商過程中，屏東縣府已明白表達業者必須優先僱用地主參與太陽光電系統的清潔維運工作。但是，有關雇工制度的實際執行問題則要到完工階段才逐漸顯現。[6] 隨著系統完工落成，地方農漁民對於雇工執行的看法逐漸與縣府預設腳本產生歧異。曹啟鴻縣長原本主張地主擁有優先受僱權的想法，被部分民眾視為對地主勞動自主性的削減。對此，有地主向業者主張：「地主與公司非勞雇關係，故不受公司指派及派遣。」另外，在土地私有化的情形下，多數地主也不願意出讓己身權益，將受僱機會讓與未參與計畫的其他受災民眾。由此可見，當科技進入完工階段時，原本計畫推動者所設計的雇工執行模式仍可能受到地方民眾改寫與重新詮釋。

　　經歷多次協調之後，雇工費的執行方式最後區分為兩種模式。首先，第一種作法出現在社會連帶及土地關聯較為緊密的社區。由地主自行組成「企業社」、「合作社」，在廠商與地主之間扮演窗口——廠商將每年發電獲利按比例將此筆雇工費撥款至企業社，再由企業社統籌分配經費及工作給所有雇工。另一種作法則出現在光林、塭岸區段，該地區由於以廢棄漁塭或長期出租者較多，地主本身與土地之間的關係並未像農民那般緊密，故而較多地主希望無需參與雇工工作便可分配費用。科技本身的條件及精密程度也可能影響廠商對於地主參與雇工

---

6 主要原因在於，各家廠商契約中除了土地租金費用有明文規定外，並未載明雇工費的執行方式。另外，伴隨養水種電計畫進入竣工階段，過去屏東縣政府的主導角色也開始轉變。儘管廠商最初進場時必須遵守縣府所提出之原則，但完工後縣府則主要扮演協調者或監督者角色，無法強制規範廠商及地主如何執行雇工費的分配及運用方式。

的態度。以光林、塭岸區段的華宇光能公司為例，由於其採用的高聚光追日型系統儀器精密且須時常調校，故廠商擔心若由非專業人員清洗可能導致機器失準。故而在科技運作的環境條件、技術特質與地主屬性等多維因素影響下，光林、塭岸區段的廠商在維護管理上傾向仰賴工程專家而非一般民眾。

更進一步檢視「養水種電計畫」完工後的執行情況，我們還可發現養水種電的早期推動過程中，廠商規劃系統設置時，以集中化、大型化為主要取向，但是當科技系統邁入使用過程時，則可能被地方民眾重新拆解為小規模、更符合地方人際網絡的管理執行單位。比方說，在某發電單位中原有二十一位地主參與設置，但在完工後該區又再細分成三個企業社，分別執行雇工管理工作。其原因除了勞動觀念的認同差異，還與地主間既有的人際連帶有關。就結果而言，屏東縣政府原先所設定的雇工制度腳本，在地主、廠商的重新詮釋下，最後僅有兩家廠商實際執行地主參與雇工工作的原初規劃，其餘廠商經協商後則改為提高地租、取消雇工制度。

雖然僅有部分廠商真正落實地主參與雇工的制度執行。但值得注意的發展是，地主被納入太陽光電系統的清潔維護工作，也衍生出因應常民參與而出現的工具創新。例如，為了讓地主清洗高架上的太陽能板，李長榮公司邀請當地農民參與設計，共同開發出一種人力可搬移的清洗平台。當初工程人員曾提出幾種技術方案：像是小型發財車，或是四輪驅動車等。對此，參與設計的曹姓地主則表示，工程師的評估並未考慮這裏的土壤與氣候特性：

> 他們工程人員本來講說要用四輪傳動爬山虎那種機械
> 來清洗面板，一台四、五十萬。我們的設計是用鋁合

金，現在這樣只要四五千，移動也方便。而且這裡五月到九月是雨季，下雨那種機械很笨重、很可能就會陷在土裡了。

至於魚塭地區的光電系統，由於設置於水面之上，無法像地面型系統那樣搬動清洗，負責此區的工程人員則表示：

我們也有去詢問地主、一起討論。我們要做這工作船，像是天福伯以前做養殖業，對於舢板已經有許多經驗，我們就問他如果下面以舢板為底，上面可以怎樣架設清洗面板會比較穩定，跟他們汲取一下經驗。

廠商向當地漁民請教經驗、邀請參與設計後，研發出一種兼具觀光與清洗功能的舢舨。如今，這項設備也成為養水種電計畫當中吸引媒體及大眾目光的在地發明。

總結而言，透過呈現屏東太陽光電的在地發展與民間參與歷程，我們發現傳統科技研究經常過度強調科學家／工程師或政治決策者如何運籌帷幄，因而忽略常民使用者在科技發展中可能扮演的角色。在養水種電的案例中，本文從常民參與設計

圖 2：養水種電雇工使用的特殊清潔工具：可移動的清洗平台（作者拍攝）

能源、適當科技與公民參與

267

圖3：養水種電雇工使用
的特殊清潔工具：
漁塭上的舢舨（作
者拍攝）

的故事中察覺，技術創新也可能發生在使用階段。並且，工程
專家與地方常民的共同參與及交流激盪，還可能生產出更符合
地方社會及使用者需求的在地創新。

三、結語

　　莫拉克風災過後數年，林邊、佳冬地區的居民依然穿梭
於阡陌之間，但如今許多人們看顧的並非「黑珍珠」或「龍膽
石斑」，而是一座座昂然佇立於田地當中的太陽光電板。在這
片歷經滄桑的土地上，屏東人民的種電故事不僅成為災後重生
的開創案例，更重要的是，這場結合地方政府、產業與民眾共
同參與的太陽光電設置經驗，也為台灣再生能源發展寫下重要
扉頁。當政府及國際眼光總是落在我國太陽電池產業的輝煌成
果上頭，本篇研究則希望喚醒國人重視這項綠能科技的在地使
用。

　　最後，本文強調：當科技邁向使用，許多事情依然方興

公民能不能？能源科技、政策與民主

未艾，相關行動者的角色可能伴隨不同科技發展階段而有所轉變。本文透過觀察科技發展的在地化歷程，除了呈現災區風土民情如何影響太陽光電系統的設計方式之外，也因此窺見各種創新如何在使用階段發生。更進一步地，本文亦追隨科技使用階段的各式行動者，從而看見過去經常缺席的常民角色，而此視野也更能呈現太陽光電發展的地方特性與詳實樣貌。

教學工具箱

引用文獻：

李彥璋（2012），〈我國再生能源政策執行之研究——以屏東縣養水種電計畫為例〉。台北：臺灣大學政治學研究所碩士論文。

Akrich, M. (1992). The de-scription of technical objects. In *Shaping Technology/Building Society: Studies in Sociotechnical Change*, edited by W. E. Bijker and J. Law. Cambridge: MIT Press, pp. 205-224.

Akrich, M. and B. Latour (1992). A summary of a convenient vocabulary for the semiotics of human and nonhuman assemblies. In *Shaping Technology/Building Society: Studies in Sociotechnical Change*, edited by W. E. Bijker and J. Law. Cambridge: MIT Press, pp.259-264.

Oudshoorn, Nelly and Trevor Pinch, eds. (2003), *How Users Matter: The Co-Construction of Users and Technologies*. Cambridge, Mass: The MIT Press.

Woolgar, S. (1991). Configuring the User: The Case of Usability Trials. In *A Sociology of Monsters：Essays on Power, Technology and Domination*, edited by J. Law. Cambridge: MIT Press, Pp.58-99.

網站：

莫拉克新聞網：http://www.88news.org/

台灣環境資訊中心：http://e-info.org.tw/
  taxonomy/term/6329

影片：

〈陽光台灣、綠能奇蹟：莫拉克災區 PV 設置計
  劃〉，經濟部能源局。

〈獨立特派員 195 集：等待種電〉，公共電視台。

延伸閱讀：

行政院莫拉克颱風災後重建推動委員會
  （2012），《啓動希望心經濟：政府與民間合
  作推動莫拉克產業重建成果彙編》。

陳惠萍（2012），〈綠能科技的在地使用：屏東
  「養水種電計畫」案例分析〉。第二十九屆
  台灣社會學會年會。台中。

邱花妹（2013），〈能源使用的新思維：小即是
  美〉。巷口社會學網站：http://twstreetcorner.
  org/2013/08/20/chiuhuamei/

能源、適當科技與公民參與

討論：

【公民參與科技的設計練習】

請以台灣社會的其他再生能源科技為例，採用本文所提供之研究角度思考：科技決策者如何因應科技發展的不同階段變化，納入多重機制促發使用者參與其中，以提升推廣成效及訴求目標。

假設你要在（某地）＿＿＿＿推廣（科技名稱）＿＿＿＿		
階段	相關行動者及互動方式	「使用者參與科技」的設計
規劃		
推動		
設置		
使用		

作者介紹

李河清

紐約州立大學政治學博士，長期關注環境保護、永續發展、環境外交、氣候談判等議題；規劃並推動中央大學科技與社會學程；先後參與氣候變遷整合評估、大陸沙塵暴觀測計畫、WTO 國際食品安全建制研究、台灣氣候變遷調適科技整合研究（TaiCCAT）、氣候變遷政策網絡（COMPON）國際研究計畫。自 2007 年起，持續出席聯合國氣候變遷締約國會議以及可持續發展峰會－里約 +20。

林子倫

現任台灣大學政治學系助理教授、台灣公共治理研究中心研究員、台灣大學環境永續政策與法律研究中心委員、台灣科技與社會學會理事、國際全球變遷人文社會計畫科學委員會（IHDP）委員。主要研究領域為國際環境政治、能源與氣候政策、審議式民主、後實證政策分析、參與式治理。

林宗德

清華大學通識中心暨社會學研究所助理教授，英國愛丁堡大學社會學／STS 博士。開設科技與社會相關課程，關心各種科技系統的運作所仰賴的社會安排和技術條件。目前的研究著重於機器人／人工智慧對於人類的自我，以及對於社會生活的影響。

范玫芳

英國蘭開斯特大學（Lancaster University）環境與政策博士。任教於陽明大學科技與社會研究所，研究興趣在環境政治與政策、風險與災難研究、審議民主與治理。著作發表在 Public Understanding of Science、Environmental Politics、Sustainable Development、Journal of Environmental Planning and Management、《台灣政治學刊》、《公共行政學報》、《科技、醫療與社會》等期刊。目前研究關注水資源與能源爭議，以及參與式科技評估和治理。

胡湘玲

汗得學社社長，德國畢勒菲爾特（Bielefeld）大學科技社會學博士，曾任教於德國魯爾波鴻（Bochum）大學東亞研究院。與生活相關的能源選擇、與倫理認知連結的生物科技，還有認識我們從哪裡來，好到哪裡去的古蹟議題，是她的研究領域。數度募集志同道合的朋友，前往潭南、白俄、印尼亞齊、高雄那瑪夏，展開以「雙手實作」來實踐人道援助精神、打造另類可能空間，且尊重自然主體的協力造屋計畫。此外，因為相信「書寫也能夠是一種運動」，所以期待能「透過書，傳遞知識社會所需要的生活想像」。目前著有《核工專家 vs. 反核專家》（前衛）、《到天涯的盡頭蓋房子》、《不只是蓋房子》（野人）、《我家房子 160 歲》（商周）、《太陽房子》、《太陽能源》（天下文化）等書。

徐遐生

美國加州柏克萊分校及聖地牙哥分校的榮譽講座教授，擁有多

項院士頭銜，美國國家科學院，美國哲學學會，美國藝術與科學學院，台灣中央研究院特聘研究員。出生於雲南的昆明，六歲隨家人移民美國，大學畢業於麻省理工學院物理系，博士學位是哈佛大學的天文系。在紐約大學石溪分校教書 5 年，爾後加入加州大學柏克萊分校，並在 1984~1988 年間，擔任該校天文系主任。1998 年他升等為大學系統教授（University Professor），這個頭銜從有此系統開始至今僅有 35 人被授與此榮譽。2002 年至 2006 年擔任台灣的清華大學校長。2006 年徐遐生成為加州大學聖地牙哥分校物理系的教授。2009 年自加州大學退休，為台灣的科技政策發展貢獻心力，成為行政院科技顧問的一員。

梁啓源

台大經濟學博士、哈佛大學博士後研究。研究領域為能源經濟、環境經濟、經濟發展、生產力分析與經濟預測。現職為中華經濟研究院董事長、國立中央大學管理講座教授、中央研究院經濟研究所兼任研究員、台灣中油（股）公司常務董事及中央銀行監事。曾任中央研究院經濟研究所研究員、國家安全會議諮詢委員及行政院政務委員等。

陳永平

交通大學電機系特聘教授，曾獲校內兩次傑出教學獎，主要研究方向為「智慧型機器設計」，並開授大學部「電路學」、「複數變數」與「線性代數」等基礎課程，以及通識課程「電機科技與社會」，與教學相關之著作計有：《可變結構控制設計》、《電磁學》與《科技社會人》。

陳信行

世新大學社會發展研究所副教授。美國壬瑟列理工學院（Rensselaer Polytechnic Institute）科學與技術研究（STS）博士。1980 年代開始參與環保、農民與勞工運動。過去的研究包括戰後台灣工業發展中的工人階級民族誌、跨國成衣業與電子業、政治經濟學理論、以及適當科技運動等，目前主要的研究課題是司法中的科學因果關係以及環境影響評估與工程教育改革。

陳惠萍

台灣大學社會學研究所博士候選人。博士論文主要關注台灣太陽光電的在地使用概況，其中特別從公民參與的角度出發，呈現出不一樣的科技與社會發展敘事。除撰寫論文之外，近期也投入經濟部能源局「陽光屋頂百萬座計畫推動辦公室」，實際參與太陽光電推廣工作。相信在主流體制與另類觀點之間，我們永遠都有另闢蹊徑的行動可能。

彭保羅（Paul Jobin）

現任巴黎狄德羅大學東亞學系副教授，主要教授日本當代社會與社會科學研究方法。1991 年在此系取得中文和日文雙學士學位。1995 年於日本慶應義塾大學取得商業管理碩士後，返回法國高等社會科學研究院攻讀社會學博士（2001 年畢）。隨後再度赴日，於國立一橋大學擔任博士後研究員。其博士論文研究主題為水俁病和川崎空氣污染所引發的環境及勞工社會運動，榮獲日法 Shibusawa-Claudel 學術著作獎；改寫增補後，由法國社科院出版社出版（EHESS, 2006）。 近年來，其研究觀察的焦點為日本和台灣兩地環境與公共衛生議題之交會所在。2007年至 2013 年之間常駐臺灣，於法國現代中國研究中心台北分

公民能不能？能源科技、政策與民主

276

部（CEFC Taipei），先後擔任訪問學者及分部中心主任。

黃秉鈞

台大終身特聘教授，曾任台灣太陽能學會理事長、經濟部再生能源發展規劃召集人，致力於太陽能研發長達三十八年，發表論文二百多篇、專利超過六十項。2008 年獲沙烏地阿拉伯國王科技大學的 450 萬美元全球研究中心獎（獲獎者包括史丹佛、康乃爾、牛津大學等七所）。

趙家緯

台灣大學環境工程學研究所博士，專長為工業生態學、環境政策評估。自 2006 年起積極參與國內環境運動，側重能源與氣候變遷議題，曾獲遠見雜誌第一屆環境英雄獎，亦為 2012 年 Rio+20 世界高峰會 NGO 代表團成員。現為綠色公民行動聯盟理事。

戴德炫

於 1996 年進入正隆公司，工作期間歷經汽電課、電儀課、安保課等單位，目前任職於正隆股份有限公司研發處技術課，畢業於交通大學環工研究所。2004 年至丹麥學習風力發電機維修及保養技術，並配合公司政策於竹北廠建置兩具 1750kw 風力發電機，期間剛好任職風力發電機管理單位，因此對於風力發電機管理及保養與在台灣風力發電機常遇到之問題，都有探討研究過，也因任職過三個單位，因此有關於風力發電機之運轉、保養及環保等問題都有初步了解。目前任職於技術課，也持續了解風力發電機所遇到其他問題。

公民能不能？－能源科技、政策與民主

編　　者：范玫芳、林宗德、李河清、陳永平、陳榮泰
出 版 者：國立交通大學出版社
發 行 人：張懋中
社　　長：盧鴻興
執 行 長：李佩雯
主　　編：程惠芳
助理編輯：劉立葳
封面設計：音波設計
地　　址：新竹市大學路 1001 號
讀者服務：03-5736308、03-5131542
　　　　　（週一至週五上午 8:30 至下午 5:00）
傳　　真：03-5728302
網　　址：http://press.nctu.edu.tw
e-mail：press@nctu.edu.tw
出版日期：103 年 7 月初版一刷、106年1月初版二刷
定　　價：360 元
I S B N：9789866301711
G P N：1010301072
展售門市查詢：交通大學出版社 http://press.nctu.edu.tw
或洽政府出版品集中展售門市：
國家書店（台北市松江路 209 號 1 樓）
　　　網址：http://www.govbooks.com.tw
　　　電話：02-25180207
五南文化廣場台中總店（台中市中山路 6 號）
　　　網址：http://www.wunanbooks.com.tw
　　　電話：04-22260330

國家圖書館出版品預行編目 (CIP) 資料

公民能不能?：能源科技、政策與民主 / 范玫芳等編著. -- 初版.
-- 新竹市：交大出版社，民 103.07
　面；　公分
ISBN 978-986-6301-71-1(平裝)

1. 能源政策 2. 能源技術

　　554.68　　　　　　　103009470